ZHINENG CHELU XITONG
SHENDU GANZHI JISHU

智能车路系统深度感知技术

李　旭　周　炜　徐启敏　李文亮　著

人民交通出版社股份有限公司
北　京

内　容　提　要

本书对智能车路系统中深度感知技术进行了理论和实践研究，首先介绍了智能交通系统以及深度感知技术的发展，描述了深度感知技术的现状、存在问题和发展方向；然后分别阐述了深度感知技术在车载端多传感融合障碍物识别、路侧端多源融合车辆识别和路侧端小尺度行人检测中的应用。

本书可供从事智能交通研发应用的研究人员与工程技术人员阅读参考，也可作为高等院校有关专业的研究生或高年级本科生的教学参考书。

图书在版编目(CIP)数据

智能车路系统深度感知技术/李旭等著. —北京：人民交通出版社股份有限公司，2021.12

ISBN 978-7-114-17624-1

Ⅰ.①智…　Ⅱ.①李…　Ⅲ.①智能控制—汽车—智能系统—研究　Ⅳ.①U46

中国版本图书馆 CIP 数据核字(2021)第 190446 号

书　　名：**智能车路系统深度感知技术**
著 作 者：李　旭　周　炜　徐启敏　李文亮
策划编辑：董　倩
责任编辑：张　琼
责任校对：孙国靖　卢　弦
责任印制：刘高彤
出版发行：人民交通出版社股份有限公司
地　　址：(100011)北京市朝阳区安定门外外馆斜街 3 号
网　　址：http://www.ccpcl.com.cn
销售电话：(010)59757973
总 经 销：人民交通出版社股份有限公司发行部
经　　销：各地新华书店
印　　刷：北京虎彩文化传播有限公司
开　　本：720×960　1/16
印　　张：9
字　　数：159 千
版　　次：2021 年 12 月　第 1 版
印　　次：2021 年 12 月　第 1 次印刷
书　　号：ISBN 978-7-114-17624-1
定　　价：58.00 元
(有印刷、装订质量问题的图书由本公司负责调换)

PREFACE | 前言

交通运输是国民经济和社会发展的基础性、战略性、引领性产业。随着经济社会的深入发展,如何保障交通安全、提高出行效率和实现节能减排已在全球范围内成为亟待破解的难题。智能交通系统是破解这些难题的有效手段,并已在各国的交通出行和货物运输方面发挥出重要作用。智能交通系统从20世纪产生之日起就一直处于发展演进的过程,其内涵和外延也一直处于"动态"变化和发展中,不同时期呈现出不同的特征和形式。

随着无线通信和互联网等技术的发展,智能车路系统逐步成为新一代智能交通系统的主要发展形态。智能车路系统采用先进的无线通信和新一代互联网等技术,全方位实现车车、车路动态信息交互,并在全时空动态交通信息采集与融合的基础上开展车辆协同安全和道路主动控制,充分实现人、车、路的有效协同,保证交通安全,提高通行效率,从而形成安全、高效和环保的道路交通系统。其中,突破宽覆盖、高精度和网格化的多维状态感知技术成为智能车路系统重要的核心研究内容之一。另外,近年来随着自动驾驶技术的发展,智能网联汽车作为新一代智能交通系统的一部分,其概念被提出并逐渐清晰化,有力推动了自动驾驶汽车的发展和应用。由于运行环境的复杂性,感知技术作为智能网联汽车的基础核心技术之一需要重点研究和攻克。

智能交通系统无论发展到哪个阶段,呈现何种形态,都离不开各类传感感知技术的研究应用与基础支撑。智能交通系统的最新发展对感知层面提出了全要素感知/全息感知的要求,而感知对象主要包括交通基础设施监测、交通气象环境监测和交通运行状态感知等。其中,交通基础设施监测和交通气象环境监测主要涉及对交通要素中信号变化较为缓慢的"路"和"环境"相关量的监测,基本属于相对静态的交通要素感知。而交通运行状态感知主要涉及"人"和"车"等动态交通目标的监测与识别,属于动态交通要素感知,在感知难度上受动态目标的不确定性和突发性影响较大。为适应智能交通系统的快速发展需求,如何对交通目标实现精准、实时、可靠的感知是当前需要重点研究和解决的核心技术瓶颈之一。

近年来,以深度学习算法为代表的人工智能技术已经在图像、视频、语音识别等领域取得了成功，并在众多行业显示出强大的应用潜力。在智能交通的目标识别领域，基于深度学习的智能感知技术同样成为研究应用的热点。但是，由于发展时间尚短，现有感知技术仍面临诸多棘手难题，如交通场景目标类型众多且尺度多变、运行环境和路况动态易变、感知精度有限且实时性不足以及训练样本相对匮乏等。对此，本书结合作者近年来承担的相关科研项目，通过案例方式重点介绍了深度学习在交通运行状态感知中的研究与应用，即交通目标深度智能感知，希望对推动深度感知技术在智能交通领域的深入研究和应用起到助力作用。

全书共 4 章。第 1 章介绍了智能交通系统以及深度感知技术的发展，总结了深度感知技术的研究现状，并指出了交通目标深度感知存在的主要问题和未来发展。第 2 章从车载端的角度，研究了适用于复杂交通场景的道路行车环境障碍物识别方法，利用多传感融合技术提高小尺度障碍物实时感知的准确率。第 3 章从路侧端的角度，研究了复杂交通场景下多源融合车辆实时感知方法，从车辆识别精度和抗光照变化能力两方面入手，使得识别算法具有良好的动态多变环境适应力。第 4 章从路侧端的角度，开展了基于超分辨率化的小尺度行人识别研究，通过增强城市交通关键场景中的行人特征表征，对小尺度行人进行准确、可靠识别。

本书作者是李旭、周炜、徐启敏和李文亮，其中，李旭负责第 1 ~ 3 章的撰写及全书的统稿，周炜参与了第 1 章的撰写和全书的修改，徐启敏负责第 3 ~ 4 章的撰写，李文亮参与了第 1 章的撰写和第 2 ~ 3 章的修改。课题组的邓淇天、金鹏、赵琬婷、朱建潇、殷晓晴等同学也参与了本书的撰写工作。另外，在项目研究和本书的撰写过程中，参阅了国内外大量学者的成果文献，在此表示由衷的感谢！

本书受到了江苏省重点研发计划（BE2019106）、国家重点研发计划课题（2018YFB1600803）和国家自然科学基金（61973079）等项目的资助，在此向相关部门表示感谢！

受限于作者的水平，书中难免有不妥之处，恳请专家、学者及广大读者批评指正。

李　旭

2021 年 11 月于南京

CONTENTS | 目录

第 1 章

智能交通与深度感知

1.1 智能交通系统及其感知技术

1.1.1 智能交通系统发展

交通运输是国民经济和社会发展重要的基础性、战略性、引领性产业，是经济社会发展的“先行官”。随着经济社会的深入发展以及城市化进程的持续推进，保障交通安全、提高出行效率和实现节能减排已在全球范围内成为亟待解决的难题。智能交通系统(Intelligent Transportation System，ITS)的迅速发展为破解上述难题提供了有效的手段，已在各国的交通出行和货物运输方面发挥出重要的作用。作为一系列新兴技术的技术集成和服务形式，智能交通系统从20世纪诞生之日起就一直处于发展演进的进程，其内涵和外延也一直在不断地变化和发展，不同时期呈现出不同的技术特征和服务形式。

由于各国发展起点和理解角度的不同，智能交通系统并没有统一的定义。一般认为，智能交通系统是在较完善的交通基础设施(包括道路、港口、机场和轨道等)之上，将先进的传感检测技术、数据通信技术、自动控制技术以及智能信息处理与决策技术等有效地集成并运用于交通运输和管理，从而建立起来的一种在大范围内全方位发挥作用的实时、准确、高效的综合交通运输系统。目前在交通运输领域已得到有效且广泛应用的智能交通系统主要由三层架构构成，即应用层、网络层和感知层，如图1-1所示。典型的应用层服务系统包括先进的交通管理系统、先进的出行信息服务系统、先进的电子收费系统、先进的公共交通系统、应急管理系统、先进的车辆控制系统等。而感知层主要为整个智能交通系统的正常运行提供必需的基础信息，包括视频监测、全球定位系统(GPS)数据、道路传感器数据、天气数据、拥堵数据、停车数据和收费数据等。

从2010年左右开始，随着移动通信和互联网等技术的发展，智能车路系统逐步成为新一代智能交通系统的主要发展形态。智能车路系统采用先进的无线通信和新一代互联网等技术，全方位实现车车、车路动态信息交互，并在全时空动态交通信息采集与融合的基础上开展车辆协同安全和道路主动控制，充分实现人、车、路的有效协同，保证交通安全，提高通行效率，从而形成安全、高效和环保的道路交通系统，典型推进项目包括美国的IntelliDrive计划、日本的Smartway计划、欧盟的CVIS和SafeSpot计划，以及中国的i-VICS计划等。智能车路系统涉及的关键技术主要包括多模通信技术、状态感知技术、数据融合处理技术和信息安全技术。其中，突破宽覆盖、高精度和网格化的多维状态感知技术成为智能车路系统重要的支撑性研究内容之一。

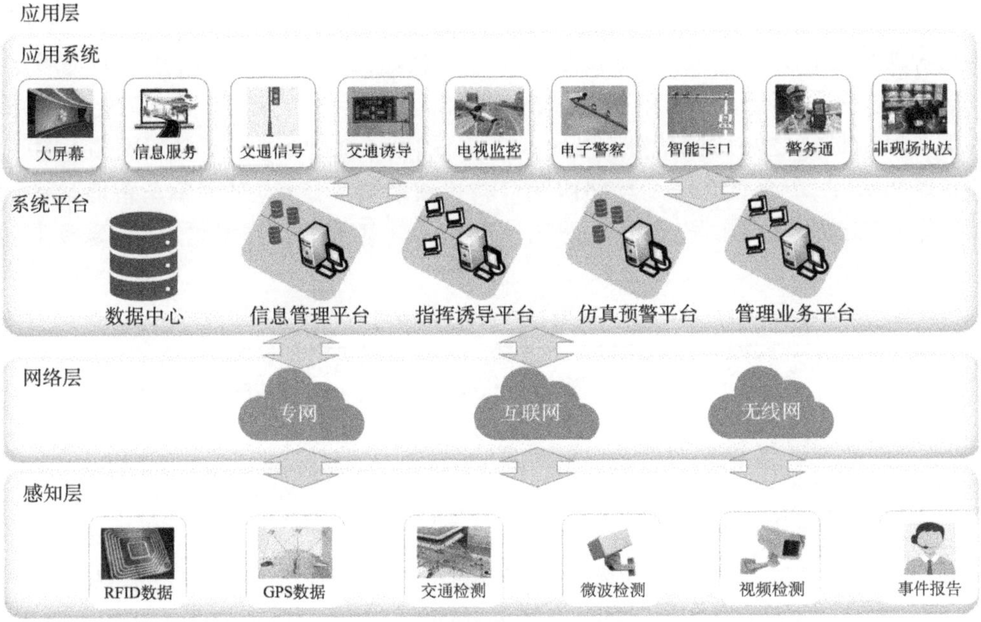

图 1-1　智能交通系统的三层架构

此外，随着自动驾驶技术的发展，智能网联汽车作为新一代智能交通系统的一部分，其概念的提出及逐渐清晰化，有力推动了自动驾驶汽车的发展和应用。智能网联汽车是指搭载先进的车载传感器、控制器、执行器等装置，并融合车内网、车际网和车载移动互联网等网络通信技术，实现车与X(人、车、路、后台等)智能信息交换共享，具备复杂的环境感知、智能决策、协同控制和执行等功能，可实现安全、舒适、节能、高效行驶，并最终可替代人来操纵的新一代汽车。智能网联汽车的分级标准可根据自动驾驶的程度来划分，国际自动机工程师学会(SAE)提出了等级0～等级5共六个等级的分级标准，见表1-1。

自动驾驶技术在演进过程中有单车智能自动驾驶和车路协同自动驾驶两种技术路线。单车智能自动驾驶的环境感知是指通过车上安装的传感器来完成对周围环境的探测和定位功能；计算决策一方面对传感器数据进行分析处理，实现对目标的识别；另一方面进行行为预测、全局路径规划、局部路径规划和即时动作规划，决定车辆当前及未来的运行轨迹；控制执行主要包括车辆的运动控制以及人机交互，决定每个执行器如电机、加速、制动等的控制信号。但单车智能自动驾驶感知能力和范围的有限性，会导致其安全性、运行条件和经济性难以适应大规模应用的要求。车路协同自动驾驶则是在单车智能自动驾驶的基础上，通过先进的车、道路感知和定位设备（如摄像头、雷达等）对道路交通环境进行实时高精度感知定位，按照约定协议进行数据交互，实现车与车、车与路、车与人之间不同程度的信息交互共享（网络互联化），并涵盖不同程度的车辆自动化驾驶阶段（车辆自动化），以及考虑车辆与道路之间协同优化问题（系统集成化）；通过车辆自动化、网络互联化和系统集成化，最终构建一个车路协同自动驾驶系统。显然，对于单车智能自动驾驶汽车和车路协同自动驾驶汽车，感知技术作为其基础核心技术之一，需要重点加以研究。

自动驾驶 SAE 分级标准 表 1-1

<table>
<tr><th>SAE 分级</th><th>等级 0
无驾驶
自动化</th><th>等级 1
驾驶辅助</th><th>等级 2
部分驾驶
自动化</th><th>等级 3
有条件驾驶
自动化</th><th>等级 4
高驾驶
自动化</th><th>等级 5
全驾驶
自动化</th></tr>
<tr><td>功能分类</td><td colspan="3">驾驶员支持功能</td><td colspan="3">自动驾驶功能</td></tr>
<tr><td>功能作用</td><td>提供警告瞬时协助</td><td>转向或制动/加速支持</td><td>转向和制动/加速支持</td><td colspan="2">有限条件下驾驶车辆</td><td>所有条件下驾驶车辆</td></tr>
<tr><td>功能示例</td><td>自动紧急制动（AEB）、盲区警告</td><td>车道居中或自适应巡航控制</td><td>车道居中和自适应巡航控制</td><td>交通阻塞时驾驶车辆</td><td>区域无人出租汽车</td><td>所有条件下随处行驶</td></tr>
<tr><td rowspan="2">驾驶员
需要做什么</td><td colspan="3" rowspan="2">驾驶员始终驾驶车辆</td><td colspan="3">自动驾驶功能启用时，驾驶员不驾驶车辆</td></tr>
<tr><td>功能请求时，驾驶员必须驾驶</td><td colspan="2">功能不会要求驾驶员驾驶</td></tr>
</table>

近年来，随着物联网、人工智能、大数据和云计算等新技术的不断涌现，智能交通系统进一步演变，“智慧交通”“智慧公路”“全息交通”等新形态被提出并在部分区域得到了不同程度的应用。无论何种形态，感知能力在其中都起到了至关重要的基础支撑作用。如江苏省交通运输厅编制的《江苏省智慧高速公路建设技术指南》提出，智慧高速公路的最终目标是在全路网范围内实现全要素感知、全方位服务、全过程管控、全数字运营等，实现“人、车、路”智能网联和高效协同，实现全智能化的高速公路业务管理，实现车辆编队及等级 3 以上自动驾驶，高速公路基础设施服役能力大幅提升，道路交通事故率下降 90% 以上，道路通行能力有效接

近设计通行能力；杜豫川等认为，新一代智慧公路的内涵主要分为四个层次：广域全息感知、数字孪生刻画、车路协同应用以及高效可信通信。由此可见，无论是全要素感知还是广域全息感知，都是未来智能交通系统功能有效发挥的底层基础。

综上，智能交通系统在不同时期的内涵和形态会随着技术的进步而不断演进，是个动态变化的过程，并且正以前所未有的广度、深度与速度实现交通系统中人、车、路、环境以及交通管理/服务机构之间的信息交互与共享，并促使了交通新业态、新模式的不断涌现与应用。同时，智能交通系统无论发展到哪个阶段，呈现何种形态，都离不开各类传感感知技术的研究应用与基础支撑。当然，在不同阶段，智能交通系统所涉及的感知技术在需求、难点和内涵等方面会有较大差异（表1-2），与智能交通系统的发展是相辅相成的。

智能交通感知技术不同阶段的特点　　表1-2

时间阶段	信息维数	实时性	精度	环境适应性	智能化程度
过去	少	分钟级	精度低 噪声大	环境可靠性低	无智能化 （数据采集）
当前	丰富	秒/亚秒级	精度提升	环境适应力提升	部分智能化
未来	全息感知	毫秒级	精度高	高环境适应性	高度智能化

1.1.2　智能交通感知技术

智能交通系统的最新发展对感知层面提出了全要素感知/全息感知的要求，即融合各种先进的多源分布式传感技术实现对于交通环境的全天候、全覆盖、全要素的动态感知，涵盖人、车、路、环境的全维状态感知，为全方位服务和全业务管理等提供数据支撑。从感知对象上看，智能交通感知技术主要包括三类：

1）交通运行状态感知

主要包含交通参数监测、全景视频监控以及交通事件检测，还包括交通动态目标（如行人、机动/非机动车辆等）的感知识别。其主要为制定路网管理措施、开展指挥调度与应急救援、发布交通信息等提供数据支持。

2）交通基础设施监测

主要包含交通基础设施静态目标（桥梁、隧道、路面及道路等）的状态监测、交通工程及沿线设施状态监测。其主要为开展公路主体及附属设施的养护和运维提供数据支持。

3)交通气象环境监测

主要包含路面积水结冰监测、团雾监测以及温度湿度监测等。其主要为恶劣天气预警、安全信息提示等提供数据支持。

交通基础设施监测和交通气象环境监测主要涉及对交通要素中信号变化较为缓慢的“路”和“环境”相关量的监测,基本属于相对静态的交通要素感知。而交通运行状态感知主要涉及对“人”和“车”(包括机动车、非机动车等)动态交通目标的监测与识别,属于动态交通要素感知,在感知难度上受动态目标的不确定性和突发性影响较大。为适应智能交通系统的快速发展需求,如何对交通目标实现精准、实时、可靠的感知是当前需要重点加以研究和解决的核心技术瓶颈之一。

1.2 交通目标感知技术

交通目标感知技术的发展现状和技术特点可从感知视角、感知手段和感知算法三方面分别加以阐述。

1.2.1 感知视角

根据感知视角的不同,交通目标感知技术可以分为车载端和路侧端。不同感知视角的感知技术在感知手段、服务对象和技术要求上均有各自的特点。

1)车载端

车载端的交通目标感知技术旨在通过采集激光雷达、毫米波雷达和各类摄像头的数据,获取其他交通参与者的类别、空间位置和潜在运动意图等信息,从而实现对车辆周边环境的全方位精准探测,其输出的感知信息服务于驾驶决策和运动控制系统,因此,该项技术是智能驾驶技术的研究基础与研究重点。

车载感知的技术要求是饱和与快速。一方面,为保障驾驶安全,车载感知技术需要集成各类感知手段,充分挖掘目标结构、外观及运动等不同信息,实现对交通参与目标的饱和式感知;另一方面,为保障后续决策与控制的实时性,车载感知技术需要具备对交通参与目标的快速感知能力。

2)路侧端

路侧端常见的传感器是毫米波雷达和彩色相机。通过对两者信息的融合,路侧端可以获取区域内各类交通目标的个体运动轨迹和总体运动态势。这些信息一方面可以服务于交通管理与交通调度,为交通管理人员提供精确可靠的区域交通流数据，另一方面也可以作为车路协同的独立数据单元，扩大单车智能的感知邻域，提升其感知范围和感知精度。

路侧感知的技术要求是区域与立体。相较车载端而言，一方面，路侧端拥有更广的感知视角，其感知范围不受自车的观测视角的局限，能够获取区域内群体的运动参数信息；另一方面，凭借更高的观测位置和倾斜视角，路侧端能够获取更为立体的目标三维边界信息。

1.2.2 感知手段

在智能交通系统中，常见的感知手段包括毫米波雷达、激光雷达和热成像传感器等，图 1-2 展示了典型的传感器实例及其输出样例。

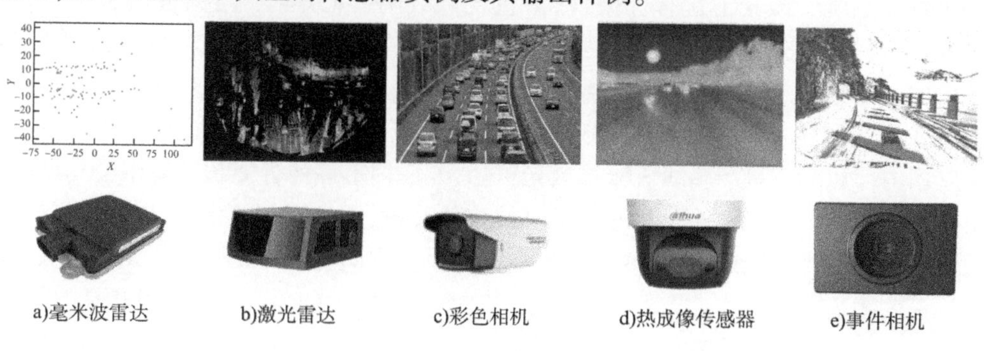

a)毫米波雷达　b)激光雷达　c)彩色相机　d)热成像传感器　e)事件相机

图 1-2　常见感知设备

1)毫米波雷达

毫米波雷达常见于汽车高级驾驶辅助系统(Advanced Driving Assistance System, ADAS)与道路交通流信息感知系统，其主要工作原理是，通过集成的阵列式微型天线接受障碍物返回的毫米波信号，从而获取外界环境信息。常见的毫米波雷达有交通测速雷达、长距防碰撞雷达和短距避障雷达等(图 1-3)。通过对收发信号时间差和相位差的分析，毫米波雷达可以获得障碍物目标的位置、速度、角度及反射强度等数据。以德国 Continental 公司生产的防碰撞毫米波雷达 ARS-408 为例，该雷达的工作频率为 77 ~ 79GHz，可以同时对 64 个目标的多种运动属性进行检测，同时具备长距和短距两种扫描模式，其中，短程探测范围为 ±45°，有效探测距离为 60m，长距离探测范围为 ±10°，有效探测距离为 175m。

毫米波雷达穿透能力强，对雨、雾、灰尘等大气环境具有较强的抗干扰能力，具备全天候、全天时工作特性。毫米波雷达具有窄波束和宽带宽的特点，其空间分辨率和多普勒分辨率较高，在目标位置和速度探测方面优势明显。

a)交通测速雷达

b)长距防碰撞雷达

c)短距避障雷达

图 1-3　毫米波雷达常见种类

毫米波雷达由于易受大气衰减和吸收,其作用距离有限,同时,由于多径效应的存在,容易输出无效的虚警目标空间分辨率比激光雷达和视觉传感器低。

2)激光雷达

激光雷达是一种新型的光学遥感器件,其常用于高精数字地图采集系统及智能车感知系统。激光雷达有机械式、微机电式、相控阵式等不同构造(图 1-4),其中,最为常见的是机械式激光雷达。机械式激光雷达通过机械旋转的方式改变激光束的发射角度,从而获取周边环境 360°的信息。根据垂直方向上分辨率的不同,机械式激光雷达可以分为单线、16 线、32 线、64 线及 128 线等。截至 2019 年,已有多家国内公司能够量产多线机械式激光雷达,如深圳市镭神智能系统有限公司、深圳市速腾聚创科技有限公司及上海禾赛科技有限公司。以深圳市速腾聚创科技有限公司生产的 128 线激光雷达 RS-Ruby 为例,其在垂直方向上有 128 个激光发射接收器,最远探测距离可达 250m,测距误差 ±3cm,在水平方向上的角度分辨率可达 0.2°。

a)机械式

b)微机电式

c)相控阵式

图 1-4　激光雷达常见种类

由于使用波长为 900nm 左右的激光束,激光雷达拥有较高的测距精度、较远的探测距离和较强的抗干扰能力。相较于毫米波雷达而言,激光雷达能够输出较为稠密的三维点云信息。在复杂交通环境下的环境感知任务中,如三维地图生成、交通目标的识别分类等,激光雷达具有不可比拟的优势。

尽管激光雷达在信息密度和感知精度上具有优势,但其容易受天气的影响。在雾霾及暴雨天气中,激光反射率容易发生较大的波动现象。在严重的沙尘天气中,激光雷达几乎无法发挥测距和辨识的作用。

3)彩色相机

彩色相机是最为常见的一类感知设备,其广泛应用于智能车感知系统、路侧监控调度系统之中。根据应用目的的不同，可以将其分为单目相机、立体相机、全景相机以及鱼眼相机等(图1-5)。

a)单目相机

b)多目相机

c)全景相机

d)鱼眼相机

图1-5　彩色相机常见种类

单目相机支持以图像的方式呈现外部的环境信息，若无针对特定场景的标定工作，其无法准确获取物体的真实大小和成像距离，同时，其视场较为固定，观测角度受限。为获取距离信息，立体相机采用视差计算法，利用多个单目相机从不同视点观察同一目标，通过计算相机间的像素位置偏差，实现二维场景到三维场景的重构。尽管立体相机在测距的精度上比单目相机准确得多，但其相机标定较为复杂，视差计算时消耗计算资源较大。为捕捉较大视场的环境信息，全景相机通过图像的矫正和拼接算法，融合了不同观测角度图像，实现了360°成像。鱼眼相机则是利用超广角镜头扩张视角，从而获得畸变的大视场图像。

彩色相机相比于毫米波雷达与激光雷达，能够获得更加丰富的色彩图像，从而实现对动态交通目标与静态交通环境的识别功能。但是，其测距精度不佳且易受环境影响，在不同光强下其成像质量不同，在黑暗环境和极端天气(如雨、雪、雾天等)下的鲁棒性较差。

4)热成像传感器

热成像传感器，也称为红外相机或热成像相机或热成像仪，常用于交通参与者探测与识别，如行人检测等。利用热成像传感器实现目标检测识别是感知领域的重要组成部分，其工作原理主要是收集并探测可见范围内的辐射能，形成与景物温度相对应的热图像。这种热图像再现了景物各部分温度和辐射发射率的差异，从而显示出物体的特征，形成可见的热图像，即红外图像。普通相机与热成像传感器输出对比图如图1-6所示。

热成像传感器不仅能够透过烟、尘、雾等障碍来探测目标，实现昼夜连续被动探测，而且可以观察目标细节，进一步识别、精确定位及跟踪目标；热成像传感器对生命体的敏感程度较高，在黑夜和极端天气下对行人的检测准确率要高于上述雷达和视觉传感器，因此，将其用于智能车路系统可以提高系统的安全性。但是相较于彩色相机，热成像传感器表征景物的温度分布，是灰度图，没有彩色或阴影，故在人眼看来，其成像较为模糊。

图 1-6　普通相机与热成像传感器输出对比图

5)事件相机

事件相机是一种动态捕捉相机,常用于动态场景下的目标检测。与传统彩色相机同时捕捉亮度、色度及饱和度不同,事件相机输出的是像素亮度的变化值。

传统彩色相机与事件相机的输出信息差别主要体现在:传统彩色相机可以采集一段时间内像素的亮度值积累,受到感光和数据读取速率的限制,帧率非常有限,对于高速运动的物体存在运动模糊和响应时间长的问题;而事件相机是一种特殊的只对像素亮度变化敏感的相机,可以提供微秒级的响应信号,反应速度和动态范围大大优于现有的传统彩色相机,因而很适合应用在高动态目标检测的场合。传统彩色相机与事件相机输出对比图如图 1-7 所示。

图 1-7　传统彩色相机与事件相机输出对比图

相较于传统彩色相机而言,事件相机输出图像仅包含运动目标的轮廓信息,无法描述目标的外观属性,另一方面,当目标相对事件相机静止时,其基本不输出任何信息。表1-3对比展示了上述几种感知手段的优缺点。

感知手段优缺点比较表

表1-3

类型	基本原理	优点	缺点
毫米波雷达	(1)多普勒频移测速; (2)TOF探距	(1)成本较低, (2)测速、测距精确; (3)不受光照影响,可穿透雾、烟尘,全天候工作	(1)角度分辨率低; (2)障碍物特征识别差
激光雷达	3D扫描获取三维信息	(1)测距精度高; (2)测量角度大、分辨率高	(1)成本高; (2)受烟尘影响较大
彩色相机	像素级别的颜色、偏移、距离等信息	(1)成本低; (2)信息量丰富、特征识别好	(1)受环境光限制较大; (2)速度、距离分辨率差
热成像传感器	利用辐射差表征物体	(1)环境适应性强; (2)探测能力强,探测距离远	分辨率低,成像模糊
事件相机	非同步性、低运动模糊	高动态范围、低延迟	不输出静态信息

1.2.3 感知算法

根据感知手段的不同,交通目标的感知算法大体上可以分为:视觉感知算法、雷达点云感知算法和融合感知算法。

1)视觉感知算法

在早期的视觉感知系统中,常见的感知识别方法一般包含两方面内容。首先是手工特征提取,典型的手工设计特征描述子主要包括方向梯度直方图特征(Histogram Of Gradient, HOG)、尺度不变特征(Scale Invariant Feature Transform, SIFT)、加博尔滤波算子(Gabor Filter)及加速稳健特征(Speeded Up Robust Features, SURF)等。通过特征描述子遍历图像区块获取特征统计量是这类机器学习的通常做法。其次是级联分类器的训练,典型的分类器包含支持向量机(Support Vector Machine, SVM)、潜在支持向量机(Latent Support Vector Machine, LSVM)、自适应增强(Adaptive Boosting, AdaBoost)等。通过分类器算法对统计特征进行分类判别，从而从交通区域中识别出被测目标。由于手工设计的特征维度有限，难以应对纷繁复杂的交通场景，因此其感知识别可靠性不高，实用性不足。

随着并行运算硬件的不断发展，交通目标感知算法开始迈向深度学习时代。以深度模型输出的形式来划分，视觉深度感知算法可以分为目标检测和实例分割。在输出形式上，目标检测模型的输出为边界位置，实例分割模型的输出为目标轮廓。常见的目标检测模型可以分为单阶段和多阶段。YOLO(You Only Look Once)与SSD(Single Shot Multibox Detector)是单阶段目标检测算法的典型代表，其主要思路是通过将回归区域细化，分别利用深度神经网络的逐级特征层来预测不同尺度大小的车辆目标。快速区域推荐网络(Faster-RCNN)和级联快速区域推荐网络(Cascade-RCNN)则是多阶段目标检测算法的常用算法，其通过对推荐区域特征层进行逐级的特征修正，可以实现对目标位置的精准预测。在实例分割领域，最常用的两个模型是全卷积网络(Fully Convolutional Networks for Semantic Segmentation，FCN)和U-Nets。其中，FCN主要采用"编码器-解码器"的网络结构，融合上下文等不同层次特征，从而实现对输入进行像素级别的识别与目标定位。相比较而言，U-Nets则是通过"跨层连接"的结构，融合了不同尺度的目标特征，因此，其目标分割边缘更加精细，整体的实例分割精度更高。YOLO网络结构如图1-8所示。

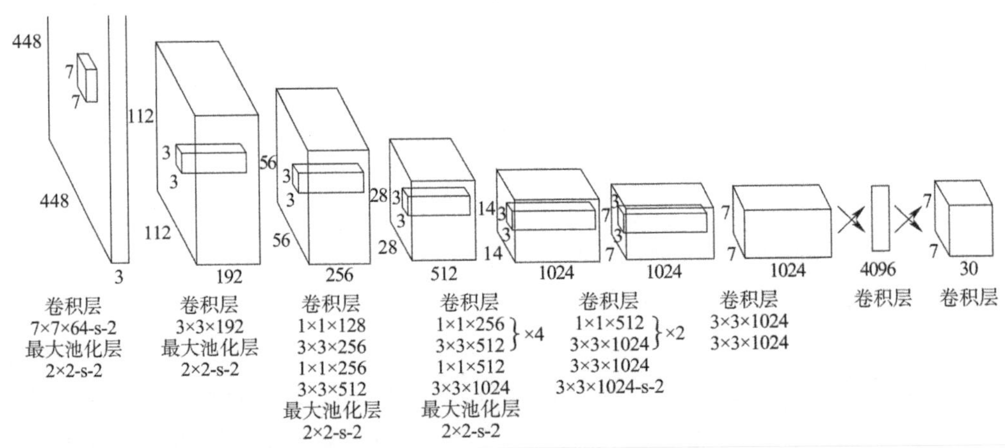

图1-8　YOLO网络结构

2）雷达点云感知算法

根据空间维数的不同，点云可以分为毫米波雷达点云(二维点云)和激光雷达点云(三维点云)。由于毫米波雷达点云分辨率较低、杂波量较大，一般采用经典感知算法进行处理。相对而言，激光雷达点云涵盖信息更为丰富、可靠性较高，可以支持深度模型进行大规模训练。

经典点云感知算法一般流程是先进行聚类,随后进行目标辨识。常用的点云聚类方法有 K 均值聚类(K-means)、均值偏移(Mean-Shift)和密度聚类(Density-Based Spatial Clustering of Applications with Noise,DBSCAN)等。王亚丽提出了一种基于毫米波雷达的车辆识别方法,这种方法首先根据 DBSCAN 算法聚类出初选目标,然后利用卡尔曼滤波对初选目标进行状态预测和更新;刘大学设计了一套基于激光雷达点云的有效目标筛选流程,通过将车道线、高度等先验信息作为约束条件,通过欧几里得算法筛选出目标的空间点。目标辨识的方法主要分为模板法和特征法。PETROVSKAYA 等设计了一种基于模型的目标识别实验系统,通过提取激光雷达点云中的目标轮廓和局部区域特征,进而与目标模型库中的模板进行匹配,实现目标的识别与分类。基于特征的方法主要与基于机器学习的分类器组合使用,通过人为提取点云的特征组成特征向量,训练分类器,实现目标识别分类。CHENG 等提取了激光雷达点云的多种几何特征和反射率特征组成的 59 维特征向量,训练了支持向量机,实现目标识别和分类;SPINELLO 等提取了不同激光束的几何特征和统计学特征,进而实现对交通目标的识别分类。

在深度学习方法中,常见的点云处理网络可以有体素法(Voxel Grid)、多视图法(Multi-View)和点云神经网络法。体素法的典型代表作是 VoxelNet 和 Sparse-3DCNN。其通过将点云划分为等间距的三维网格,引入体素特征编码层来获取每个体素内的点的空间表征,然后通过 3D 卷积神经网络来计算出交通目标的空间位置。由于 3D 卷积过高的计算成本,该类方法的实时性不佳。多视图法则是将点云投影到不同视图之中,如前视图和俯视图,随后利用 2D 卷积神经网络来获取目标的属性。VeloFCN 应用了全卷积网络来预测密集的 3D 目标框。LMNet 使用了空洞卷积来融合不同视图的目标信息。与体素法和多视图法需要对点云进行预处理不同,点云神经网络 PointNet 和 PointNet++ 直接对无序的点云信号进行处理,从而避免了预处理过程中的信息损耗和累计误差。基于点云神经网络的交通目标感知算法是现阶段的主要研究对象,其代表作有 PointRCNN 和 STD(Sparse-to-dense)等。PointRCNN 包含两个阶段,其中,第一阶段是自下而上的 3D 推荐框网络,第二阶段在正则化坐标修正网络。STD 则提出了一种点云池化操作,将点云的稀疏表征进行了特征压缩,节省了计算资源。STD 网络结构图如图 1-9 所示。

由于激光雷达的点云分布是不均匀的、稀疏的,很难在复杂交通环境下完整地表征交通目标的形状,因此,其相应的感知算法对车辆这种大尺度交通目标有一定的识别有效性,但对细节信息以及行人等小尺度交通目标不敏感。

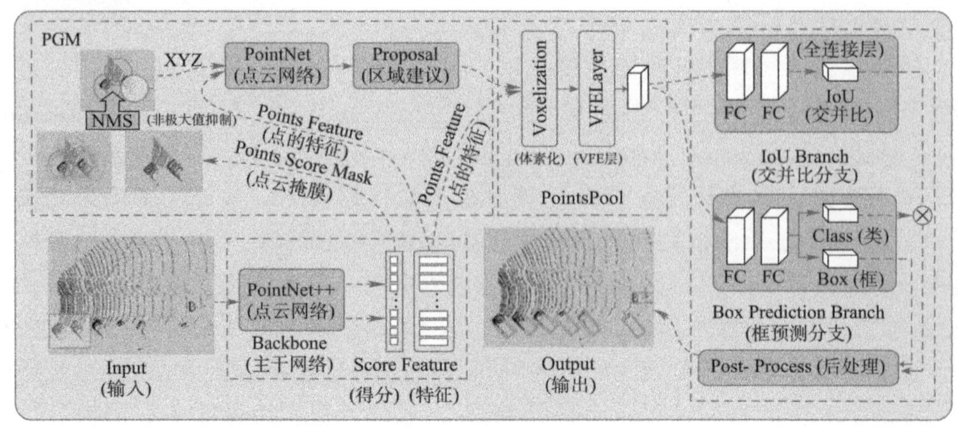

图 1-9　STD 网络结构图

3)融合感知算法

对于交通目标的识别来说,各种传感器具有各自的特点和优势,但是大多数基于单传感源的方法都无法满足智能车路系统识别交通目标的要求。从传感器的特点可以看出,视觉传感器和雷达传感器的特点呈现一种互补关系,将视觉传感器和雷达传感器融合是一种能够满足现阶段智能车路系统交通目标感知需求的可行方案。因此,国内外研究人员纷纷着眼于基于多传感器融合的交通目标识别方法。

SUGIMOTO 等提出了一种毫米波雷达和视觉传感器融合的交通目标识别方法,该方法通过视觉传感器识别道路边界确定感兴趣区域(Region Of Interest, ROI),然后通过毫米波雷达确定 ROI 中目标的状态,这种方法受视觉传感器视野影响,无法在遮挡情况下使用。JEONG 等提出了一种视觉传感器与激光雷达传感器融合的方法,首先对视觉传感器和激光雷达进行标定,得到激光雷达点云与图像像素点的对应关系,接着通过卷积神经网络对图像进行语义分割,最后将图像的语义信息通过坐标变换转换到激光雷达坐标系中,实现激光雷达三维点云的语义分割,这种三维点云语义分割的准确性依赖于神经网络的性能,没有充分利用雷达的信息。ASVADI 等提出了激光雷达与视觉传感器融合的另一种思路,该方法使用视觉传感器和激光雷达传感器各自的数据训练了三个分类网络,再在输出端对三个网络的输出结果进行融合。这种方法只在输出端进行了融合,没有充分考虑视觉传感器和激光雷达之间的交互关系。GAO 等提出了一种激光雷达和视觉传感器在输入端融合的方法,该方法将激光雷达的三维点云投影到图像坐标系中,通过上采样生成雷达图,再将这些新生成的雷达图与视觉传感器获得的图片合并生成一种新的 RGB-D 图作为卷积神经网络的输入，从而达到提升交通目标的识别准确率的目的。这种在输入端进行融合的方式，在网络训练的过程中仍会丢失细节信息，没有充分发挥雷达图的作用。与上述方法不同，多目标多传感器融合(Multi-task Multi-sensor Fusion，MMF)网络构建了一套集成深度图预测、目标分类、2D 位置预测和 3D 位置预测等多任务的多传感分析系统，利用关联任务间的约束关系和语义联系，同步提高了几项任务的整体感知精度。MMF 网络结构如图 1-10 所示。

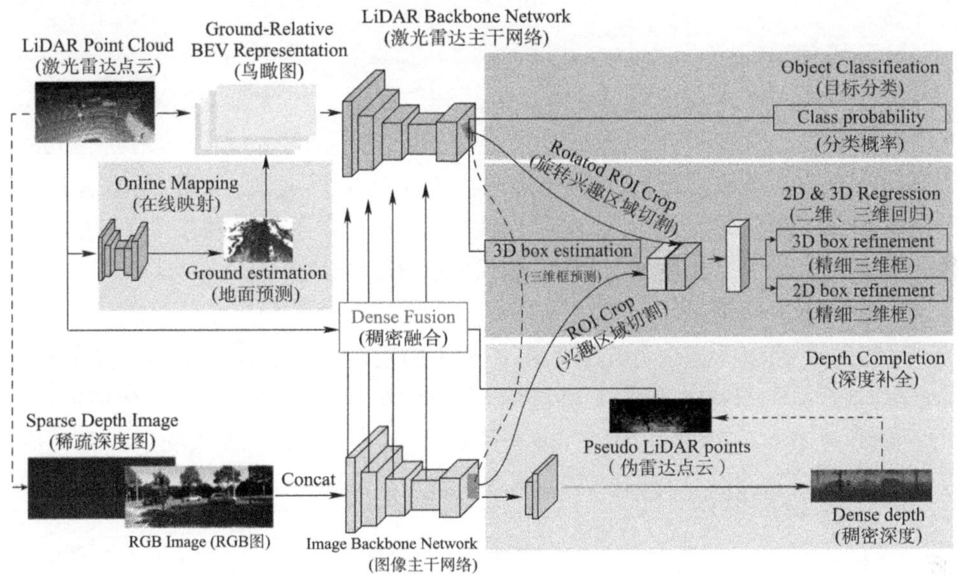

图 1-10　MMF 网络结构图

1.3 交通目标智能深度感知技术

从感知手段和感知算法的更迭规律来看，交通目标感知技术开始朝着深度化、智能化的方向发展。这种以深度学习理论为驱动的，以数据密集型计算方法为基础的，智能硬件和智慧软件相结合的，面向多元化、协同化发展需求的智能深度感知技术必将成为未来智能交通系统发展和应用的重点。然而，由于发展时间尚短，现有智能深度感知技术仍存在诸多现实问题，其技术发展的引领点尚待确立。

1.3.1 深度感知存在的问题

1)极端与复杂工况下的感知难题

通常的训练集对极端和复杂工况涵盖度较少,当测试集出现异常的场景时,在训练集上按误差最小准则训练的模型在极端和复杂测试工况下往往精度较低,不具备从一般到特殊的泛化能力。以行人识别中的多尺度问题为例,现有算法往往对一般工况下的大中尺度行人具有较好的识别精度,但难以区分小尺度行人与背景环境。

2)环境扰动问题

尽管现代深度感知模型在交通目标感知数据集上的精确度越来越高,但是,对抗攻击的实验研究表明,附加轻微扰动的对抗样本不会影响人类的判断,却会使深度感知模型产生高置信度的错误结果。在现实交通环境中,光照、局部遮挡、风力和振动等外部扰动时有发生,以车辆检测模型为例,在正常光照条件下训练出的车辆检测模型在遇到反光场景时,易发生目标丢失现象。

3)标注成本问题

尽管深度感知模型在近几年取得了不俗的发展,但是,现有的深度感知算法多属于有监督学习,依赖大量人工标记的训练数据,人力成本较高,尤其是针对雷达数据而言,需要在三维空间内标注点云的属性,时间成本大,手工标记效率较低。

1.3.2 发展方向

1)多源融合

多模态数据拥有各自的感知特性,如何融合各类不同表征形式、不同数据类型的感知数据,取长补短,充分发挥深度学习技术在特征提取上的优势,形成鲁棒性强、可靠性高的深度感知算法,是未来的主要发展方向之一。

2)分布协同

受感知视角和感受范围的影响,单体智能的感知精度十分有限。如何通过低延时的通信网络,获取不同感知单元的感知信息,形成实时性强、精确度高的感知算法,也是交通目标智能感知技术的着力方向。

3)认知推理

受边界效应的影响,突破现有感知极限的成本和代价是巨大的。从认知推理的角度来看,通过预测现有场景中目标的运动态势,可以提升现有感知手段的感知精度与感知可靠性。

第 2 章

车载端多传感融合障碍物识别技术

障碍物识别是环境感知系统的关键功能，要求能够对道路行车环境中的各种障碍物（车辆、行人、自行车）进行准确的分类并获取准确的障碍物空间信息，同时还要有较高的系统实时性。目前，大多数障碍物识别主要依靠激光雷达和视觉传感器组成的环境感知平台来完成，但在复杂交通环境下，激光雷达和视觉传感器都会由于环境干扰而受到一定程度的影响，从而影响障碍物识别的效果，尤其是对于细节信息和小尺度障碍物的识别准确率，还远达不到智能驾驶系统的要求。如何充分利用两类传感器的优势，消除环境干扰，提高障碍物识别对各类障碍物，特别是小尺度障碍物的识别准确率，并能获取准确的障碍物空间信息，同时保持较高的系统实时性，是一个十分重要且具有挑战性的问题。

为了解决上述问题，本书作者开展了基于激光雷达和视觉传感器融合的障碍物识别技术的研究，以激光雷达和视觉传感器为主要传感源，研究适用于复杂交通场景的道路行车环境障碍物识别方法，要求提高对各类障碍物特别是行人等小尺度障碍物的识别准确率，并能够同时获取准确的障碍物空间信息，且保证较高的系统实时性。

2.1 基于不同传感源的障碍物识别方法

1）基于毫米波雷达的障碍物识别方法

毫米波雷达通过发射和接收毫米波来探测周围环境，可以输出多个目标的距离、位置和速度信息，是一种较为初级的用于障碍物识别的传感器。但是毫米波雷达的信息量不够丰富，且只对金属外壳的车辆比较敏感，无法对障碍物进行分类，只能适用于紧急制动、辅助变道等比较初级的辅助驾驶功能。

2）基于视觉传感器的障碍物识别方法

在障碍物识别尤其是障碍物的分类方面，视觉传感器具有比较突出的优势。近年来，随着机器学习的发展，大量基于机器学习的障碍物识别算法被提出。其中，以自适应增强（Adaptive Boosting，AdaBoost）和支持向量机（Support Vector Machine，SVM）为代表的分类器算法，通过对图像进行预处理后提取相关特征训练分类器，进而实现对障碍物的识别分类。这类方法虽然具有一定的自适应能力，但是泛化能力不够强，难以保证在复杂条件下的稳定性。随着深度学习算法的兴起，国内外研究人员提出了大量基于深度学习的障碍物识别算法，这类方法一般通过使用或改进以卷积神经网络为代表的深度学习算法，实现障碍物的识别与分类。

然而，这类方法一般都依赖网络本身的性能，没有充分考虑交通场景的特点。另外，这类基于深度学习的方法往往会在提取高阶信息的同时丢失细节信息，使得其对于行人和自行车等小尺度障碍物的识别准确率较低。

上述基于视觉传感器的障碍物识别方法除了各自的缺陷外，还会因为视觉传感器易受环境影响而在复杂交通场景下失效，此外，基于视觉传感器的方法还很难获取准确的障碍物空间信息。

3）基于激光雷达的障碍物识别方法

随着传感器技术的发展，扫描式激光雷达逐渐被大量应用于智能驾驶环境感知系统。扫描式激光雷达受环境影响小，只有在极端天气条件（大雾、暴雨）下才会失效，能够获取传感器周围环境360°的高精度三维空间信息和反射率信息，受到了国内外智能驾驶环境感知系统研究领域的广泛关注。目前，传统的基于激光雷达传感器的障碍物识别方法主要分为基于模型的方法和基于特征的方法两类。基于模型的方法首先采用点云聚类找到目标实体，根据目标姿态实时构造特征模板用以障碍物识别，具有存储量低和计算速度快的特点；基于特征的方法主要与基于机器学习的分类器组合使用，通过人为提取点云的特征组成特征向量训练分类器，实现目标识别分类。

然而，激光雷达的点云分布是不均匀的、稀疏的，很难在复杂交通环境下完整地表征障碍物的形状，只能对车辆这种大尺度障碍物有一定的识别有效性，对细节信息以及行人等小尺度障碍物则不敏感。

4）基于多传感器融合的障碍物识别方法

对于障碍物识别来说，大多数基于单传感源的方法都无法满足智能驾驶系统对障碍物识别的要求。从传感器的特点来说，视觉传感器在障碍物分类方面具有较好的效果，但是难以获取准确空间信息；激光雷达等测距传感器拥有高精度的空间信息，但是在障碍物分类方面面临困难。可以看出，视觉传感器和激光雷达的特点呈现一种互补关系，将激光雷达与视觉传感器融合是一种能够满足智能驾驶系统障碍物识别需求的可行方案。因此，国内外研究人员纷纷着眼于基于多传感器融合的障碍物识别方法。

在智能驾驶环境感知的研究领域，大量基于多传感器融合的障碍物识别算法被提出，在1.2.3节中已详细说明，在此不再赘述。

从上述讨论可以看出，大多数基于多种传感器或多传感器融合的障碍物识别方法，在复杂交通环境下对于车辆这类大尺度障碍物有一定的识别有效性，但是在视觉传感器和激光雷达的交互与融合信息的利用上仍有较大的提升空间。

综上所述,对于智能驾驶环境感知系统的障碍物识别算法来说,基于多传感器尤其是视觉传感器和激光雷达传感器融合的障碍物识别算法是目前国内外智能驾驶环境感知系统研究的重点,具有重要的学术意义和工程价值。

2.2 基于激光雷达多特征融合的障碍物识别方法

近年来,随着传感器技术及信息技术的发展,各类新型高精度传感器被运用于智能驾驶的环境感知平台。其中,一种新兴的扫描式激光雷达被大量地应用于智能驾驶系统的障碍物识别。扫描式激光雷达具有探测范围广、信息维度多(三维空间信息和一维反射率信息)、测距精度高等优势。本节着重关注基于激光雷达的障碍物检测技术,研究并设计了一种基于激光雷达多特征融合的障碍物识别算法,最后指出了单纯依靠激光雷达传感器进行障碍物识别的缺陷。

2.2.1 障碍物识别实现步骤

1)地面分割

在实际交通环境中,环境中的随机干扰非常多,且很难用简单统一的手段进行处理。为提高检测效率,需设置若干约束条件。对于激光雷达传感器来说,分割出地面点是一种简单有效的约束手段。将地面点作为约束条件具有以下三点优势:

(1)地面点相对较容易识别,已有算法比较成熟且效率较高;

(2)环境感知系统关心的障碍物一般在路面上,分割出地面区域后,可以缩小系统需要检测的区域,提高检测效率;

(3)地面点会影响点云聚类的效果和分类的准确率,剔除地面点可以提高障碍物检测的精度。

地面点分割通常使用点、线、面等几何法来完成,这里使用随机抽样一致算法(RANdom Sample Consensus, RANSAC)来进行地面点分割。随机抽样一致算法的一般步骤如下。

第1步:根据所要求的模型随机选取一定点求得初始模型方程;

第2步:将其余点带入初始方程并计算误差,得到所有满足误差阈值 σ 的内点的数量 $N\sigma$,若 $N\sigma$ 大于设定的阈值 K,则该模型为待定模型,$N\sigma$ 为该模型的支持度;

第3步:重复第1步和第2步达到预设迭代次数,比较各待定模型的支持度,输出支持度最高的模型。

在实际交通环境中，路面一般为平面或斜坡，且激光雷达的安装位置已知，因此在使用RANSAC算法进行地面分割时，不需要随机选取点求取初始模型方程，可以根据雷达的安装位置等先验信息设定初始模型，确定初始内点集合，缩小筛选范围，提高地面分割的效率。在激光雷达外参标定过程中，假设 $\boldsymbol{R}$ 和 $\boldsymbol{T}$ 分别为激光雷达坐标系到车体坐标系的旋转矩阵和平移矩阵，$\boldsymbol{\alpha}=(A,B,C)$ 为水平地面的法向量在车体坐标系中的表示形式，$p=(p_x,p_y,p_z)$ 为激光雷达坐标系中地面上一点，则该点在车体坐标系中的坐标 (c_x,c_y,c_z) 为：$(c_x,c_y,c_z)^{\mathrm{T}}=((p_x,p_y,p_z)^{\mathrm{T}}-\boldsymbol{T})\boldsymbol{R}$，据此，地面的初始模型方程可设为：

$$A(X-c_x)+B(Y-c_y)+C(Z-c_z)=0 \tag{2-1}$$

在进行地面分割时，首先将点云中的点代入式(2-1)并计算误差，根据设定的阈值筛选出初始地面点内点集合 $\boldsymbol{P}_{\mathrm{Road}}$，进而在初始内点集 $\boldsymbol{P}_{\mathrm{Road}}$ 上使用RANSAC算法，筛选出地面点。

2)点云栅格化

(1)三维点云投影。

激光雷达传感器的数据传输量十分庞大，Velodyne公司的64线激光雷达每秒产生的三维扫描点数量在双返模式下达到220万个，即使在剔除地面点后，剩余的点云的数据量规模仍不太适合对其直接处理。因此，需要对激光雷达的原始点云进行降维处理。目前，国内外普遍采用栅格图的方法对点云进行预处理。栅格图的主要思想是将检测区域划分为若干个正方形栅格，然后根据点云中每个点的三维坐标将其投影到栅格图上。构建栅格图首先需要确定栅格大小，由于激光雷达点云在距离雷达中心较近出比较密集，在较远处比较稀疏，如果采用统一的栅格大小，可能会造成激光束永远无法扫描到较远处的栅格，形成虚设栅格，降低检测效率。栅格与激光扫面线位置关系示意图如图2-1所示。

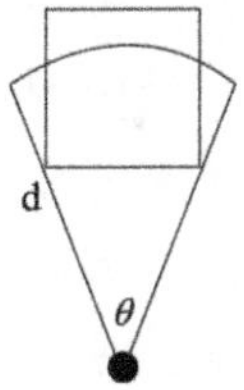

图2-1　栅格与激光扫面线位置关系示意图

如图2-1所示，为保证距离激光雷达距离为 d 的栅格内至少有两条激光束，栅格的大小要根据栅格与激光雷达中心的距离合理设置。由于激光雷达水平面上相邻的激光束之间的夹角很小，可根据弧长公式近似地求得栅格边长的最小值 $G_{\min}$：

$$G_{\min}=\theta\cdot d \tag{2-2}$$

式(2-2)中，θ 为相邻两束激光线之间的水平夹角。在实际应用过程中，应按实际情况并考虑计算机中存储栅格的内存对齐问题后，选取大小适中的栅格。

栅格大小选定后，将经过标定的三维点云投影到二维栅格图上，假设其中一个点的坐标为(c_x, c_y, c_z)，则投影转换方程为：

$$R_G = \frac{c_x + map_x}{G_d}$$
$$C_G = \frac{c_y + map_y}{G_d} \tag{2-3}$$

式(2-3)中，(R_G, C_G)为点(c_x, c_y, c_z)在栅格图中对应栅格的坐标；map_x和map_y分别为x轴和y轴的偏移量；G_d为该点相对于激光雷达中心点的距离d所对应的栅格大小。

三维点云到二维栅格图是一种信息降维方式，会造成一定的信息量损失，为了提高整体检测精度，在栅格图的每个栅格中，每个点的三维坐标以及反射率都将被保留，这样的做法虽然会略微提高算法的空间复杂度，但可以有效提高检测算法的可靠性。完成三维点云到二维栅格图的投影后，接着进行栅格属性的判定，以确定每个栅格是障碍物占有栅格或非障碍物占有栅格，为下一步的栅格聚类做好准备。

(2)栅格属性判定。

地面上障碍物的一个典型特征是相对地面有一定的高度且在其所在范围内占有数量较多的点云。在得到地面范围并剔除地面点后，遍历栅格图中每个栅格中的点，统计得到每个栅格中点的数量 P_NUM，同时得到每个栅格内点与点之间的最大高度差 ΔH_{max}。本节所设计的算法根据每个栅格中的点云的数量和点云的最大高度差来判定其属性，对于每个栅格来说，当 P_NUM 大于一定阈值 M 且 ΔH_{max} 大于一定阈值 H 时，则将该栅格标记为障碍物占有栅格，否则标记为非障碍物栅格。这种考虑高度差和点云的数量的判定方法，可以进一步消除残余地面点影响，同时减低环境噪声带来的干扰。

3)栅格聚类

完成栅格图建立后，需将相邻的障碍物占有栅格进行聚类。根据激光雷达点云和栅格图的分布特征，应选取基于密度分布的聚类方法，本节使用一种基于密度的空间聚类方法(Density-Based Spatial Clustering of Applications with Noise, DBSCAN)。DBSCAN 聚类算法的具体过程为：记 r 是半径参数，minPts 是邻域密度阈值，RDBSCAN = $\{r_i, i = 1, \cdots, N\}$ 是基于密度的聚类结果，其中 r_i 是聚类结果的标签，栅格 g_i 和 g_j 之间的欧氏距离为 D_{ij}，则 DBSCAN 的算法步骤如下：

第 1 步：初始化。标记所有的栅格 g_i 为未访问，$r_i = i$；

第 2 步：对于任意的栅格 g_i，如果 g_i 未访问，则根据 $D_{ij} < r$ 找出所有的 g_j，构成 g_i 的领域集合 η_i，如果 η_i 中的点数量小于 minPts，则记 g_i 为噪声点；如果 g_i 已访

问到，则转到第 3 步；

第 3 步：对于所有的 $g_k \in \eta_i$，如果 g_k 未访问，则根据 $D_{kj} < r$ 找出所有的 g_j，把 g_j 加入 g_i 的领域集合 η_i，如果 g_k 已访问，则 $r_k = r_i$，转到第 2 步。

DBSCAN 聚类算法可以聚类出任意类别的稠密簇，且只有半径参数 r 和领域密度阈值 minPts 两个参数。本节在使用 DBSCAN 算法对栅格进行聚类时，考虑到栅格的分布形式，使用了如表 2-1 所示的参数设置。

DBSCAN 参数设置 表 2-1

栅格大小(cm)	r	minPts
G	$2G$	1

4）特征提取与支持向量机训练

通过激光雷达传感器得到的原始点云在经过地面点剔除、栅格化、聚类之后，得到了若干候选障碍物目标，这些候选目标由经过聚类的栅格簇组成，这些栅格簇包含了各自点云的三维坐标和反射率，与此同时，还可以通过简单的几何算法得到每个栅格簇边缘的几何特征（长、宽、中心）。为了区分候选障碍物目标的类别，需要对其进行特征提取，并通过分类器进行分类。本节所使用的方法将障碍物分为机动车和非机动车两类，并使用了基于特征的支持向量机（SVM）作为分类器。SVM 是一种在工程领域被广泛使用的分类器，用于解决多种回归和分类问题。

（1）支持向量机（SVM）。

支持向量机是一种按监督学习方式对数据进行二元分类的广义线性分类器，其决策边界是对学习样本求解最大边距超平面。设一个数据集合 $\boldsymbol{S} = \{\boldsymbol{s}_i, l_i\}_{i=1}^{N}$，其中 $\boldsymbol{s}_i \in \boldsymbol{R}^n$ 是特征向量，$l_i \in \{-1, 1\}$ 是训练集的标签，定义超平面方程为：

$$w^{\mathrm{T}} S + b = 0 \tag{2-4}$$

式(2-4)中，w 为权值向量；b 为偏置。则任一训练样本应满足：

$$l_i(w^{\mathrm{T}} s_i + b) \geqslant 1 \tag{2-5}$$

当等号成立，则样本点在超平面附近，称为支持向量。

为寻找最优超平面，根据解析几何知识，定义样本空间内任一点 s_i 到最优超平面的距离 dis 为：

$$\mathrm{dis} = \frac{w_0^{\mathrm{T}} s_i + b_0}{\| w_0 \|} \tag{2-6}$$

由式(2-6)可知，支持向量到超平面的距离为：

$$\mathrm{dis}_i = \pm \frac{1}{\| w_0 \|} \tag{2-7}$$

由式(2-7)可知,要找到最优超平面,则只需 $\| w_0 \|$ 最小,此时优化问题可以转换为在式(2-6)约束下,求:

$$\min \frac{\| w \|^2}{2} \tag{2-8}$$

引入拉格朗日函数:

$$L(w,b,\alpha) = \frac{1}{2}w^{\mathrm{T}}w - \sum_{i=1}^{n}\alpha_i[l_i(w^{\mathrm{T}}s_i + b) - 1] \tag{2-9}$$

式中,$\alpha_i \in r(i=1,\cdots,N)$是拉格朗日算子。

由于实际数据不可能完全线性分割,因此引入惩罚系数 C_{p},得到了拉格朗日变换后的优化问题:

$$\begin{gathered}\max_{\alpha} \sum_{i=1}^{n}\alpha_i - \frac{1}{2}\sum_{i,j=1}^{n}\alpha_i\alpha_j l_i l_j s_i^{\mathrm{T}} s_j \\ \mathrm{s.t.}\ 0 \leqslant \alpha_i \leqslant C_{\mathrm{p}}, \sum_{i=1}^{n}\alpha_i l_i = 0, i = 1,2,\cdots,n\end{gathered} \tag{2-10}$$

通过式(2-10)求解 α,通过 $w = \sum_{i=1}^{n}\alpha_i l_i s_i$ 求出 w 。从而,得到判别函数为:

$$f(s) = \mathrm{sgn}\left(\sum_{i=1}^{n}\alpha_i l_i K(s_i,s) + b\right) \tag{2-11}$$

式中,$K(\cdot,\cdot)$为核函数,本节采用高斯核函数 $K(\boldsymbol{s}_i,\boldsymbol{s}) = \exp\left\{-\frac{\| \boldsymbol{s} - \boldsymbol{s}_i \|^2}{2\sigma^2}\right\}$;$\mathrm{sgn}(\cdot)$为符号函数。

(2)特征向量设计。

经过地面分割、栅格化和聚类等操作后,得到了一系列由栅格簇表示的候选目标。为了使用SVM分类器对障碍物进行分类,需要提取能够区分不同障碍物的特征。充分考虑不同障碍物的特点和激光雷达的可用信息,使用如表2-2所示的6个特征向量组成的19维特征向量 F,$F = (f_1,f_2,f_3,f_4,f_5,f_6)$。

特征向量表

表2-2

特征编号	内容描述	特征编号	内容描述
f_1	候选目标簇的长、宽、高	f_4	直角特征
f_2	候选目标纵向高度轮廓	f_5	反射率的平均值、方差
f_3	宽高比	f_6	反射率的分布特征

上述特征由各种几何特征和反射率特征组成,其中几何特征包括:

①候选目标簇长、宽、高。

机动车(小车、公交车等)和非机动车(行人、自信车)所形成的候选目标簇的长、宽和高这些外形尺寸上存在明显差异，因此，将 $f_1=(L,W,H)^{\mathrm{T}}$ 作为特征向量中的一部分，其中 L 为候选目标簇的长度、W 为宽度、H 为高度。

②候选目标纵向高度轮廓。

对于障碍物分类检测来说，仅仅依靠简单几何特征难以进行可靠的分类，因此考虑障碍物的纵向高度轮廓特征。如图 2-2 所示，机动车在栅格图中往往会表现为一个矩形的形式，以栅格簇的较长边所在方向为纵向并将其等分为 10 份，计算每个区间内的平均高度 $h_i(i=1,2,\cdots,10)$，$f_2=(h_1,h_2,h_3,h_4,h_5,h_6,h_7,h_8,h_9,h_{10})^{\mathrm{T}}$ 作为特征向量中的第二部分。显然，非机动车与机动车的纵向高度轮廓存在显著区别，并且通过纵向高度轮廓，可以区分机动车和一些其他障碍物。

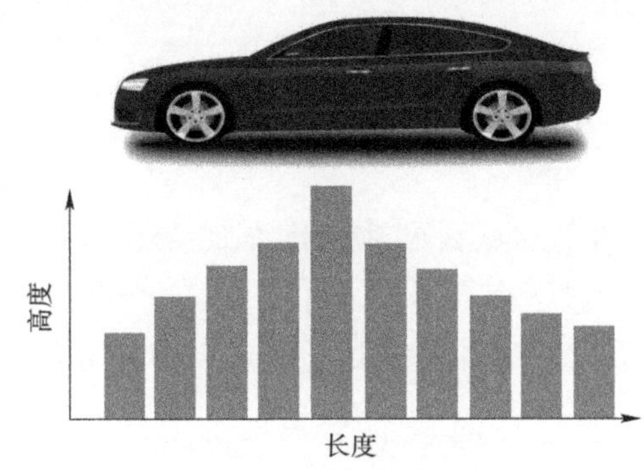

图 2-2　纵向高度示意图

③宽高比。

一般来说，非机动车（如行人）的宽高比远小于机动车，因此通过计算候选目标簇的宽高比 $f_3=W/H$ 作为特征向量的第三部分。

④直角特征。

在实际情况中，大多数车辆的栅格簇呈 L 形分布，因此 L 形分布的候选栅格簇有很大的可能是车辆，而非机动车一般不具备这个特点。因此，可以通过计算栅格簇边缘的最大斜率 $f_4=\max\left(\text{cur\_slop},\dfrac{y_{g_i}-y_{g_j}}{x_{g_i}-x_{g_j}}\right)$ 作为特征向量的第四部分。其中，cur_slop 为当前最大斜率，(x_{g_i},y_{g_i}) 为当前选中栅格的坐标，$i=1,\cdots,g_n$，g_n 为候选目标栅格簇内的栅格数量，(x_{g_j},y_{g_j}) 为当前选中栅格四邻域内的其中一个栅格的坐标，$j\neq i$。

设计的特征向量还包含了反射率特征，分别为：

①反射率方差、平均值。

对于激光雷达传感器来说，其点云的反射率强度跟物体的材质和颜色有关，金属的反射率一般远大于非金属的反射率，机动车一般是金属外壳，反射率较大，非机动车如行人等的皮肤、衣物的反射率较小。因此，计算候选栅格簇中点云的反射率的平均值 $E(\text{ref})$ 和方差 $D(\text{ref})$ 作为特征向量的第五部分 f_5，$f_5=(E(\text{ref}),D(\text{ref}))$。其中：

$$
\begin{aligned}
E(\text{ref}) &= \frac{\sum_{i=1}^{P_n} \text{ref}_i}{P_n} \\
D(\text{ref}) &= \frac{\sum_{i=1}^{P_n} (\text{ref}_i - E(\text{ref}))^2}{P_n}
\end{aligned}
\tag{2-12}
$$

式中，P_n 为候选目标栅格簇中包含的三维点的数量；ref_i 表示第 i 个点的反射率。

②反射率占比。

如图 2-3 所示，机动车的点云和非机动车的点云在反射率分布特征上有很大不同。属于车辆的点云反射率数值在[0,0.2)的部分远大于[0.2,0.4)的部分，而非机动车的点云反射率的情况则恰恰相反。因此，计算 $f_6=\left|\frac{\text{ref}_{[0,0.2)}-\text{ref}_{[0.2,0.4)}}{P_n}\right|$ 作为特征向量的第六部分。其中，$\text{ref}_{[0,0.2)}$ 表示反射率在[0,0.2)区间内的点的数量，$\text{ref}_{[0.2,0.4)}$ 表示反射率在[0.2,0.4)区间内的点的数量。

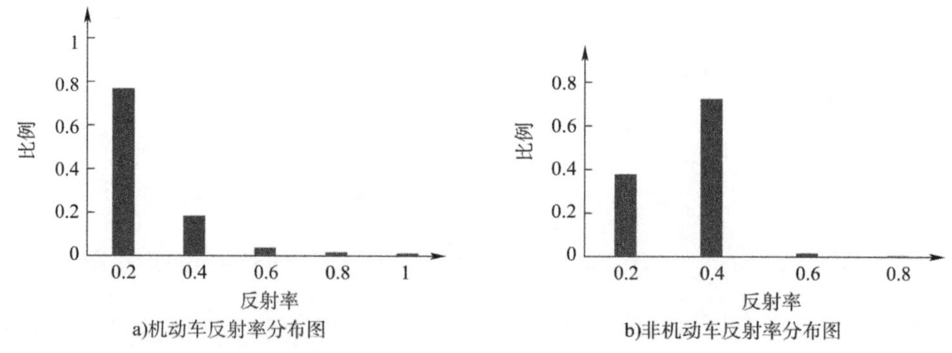

图 2-3 机动车与非机动车反射率直方图

2.2.2 识别结果与分析

为了验证上述算法的有效性，利用 KITTI 数据集提供的数据进行试验。KITTI

数据集是国内外广泛使用的交通场景数据集,包含了高速公路、乡村和城市等场景下的组合导航、激光雷达以及视觉等传感器数据。KITTI 数据集采集数据所用的激光雷达是 Velodyne HDL-64E 64 线激光雷达,在实验时选取了高速公路、乡村和城市三个典型场景,共包含 787 帧激光雷达原始数据,其中在检测范围内有机动车 119 辆、非机动车 47 个。图 2-4 展示了所提算法的其中一帧检测效果,该帧所对应的场景包含了 8 辆机动车[图 2-4a) 中实线框]和 2 个行人[图 2-4a) 中虚线框]。

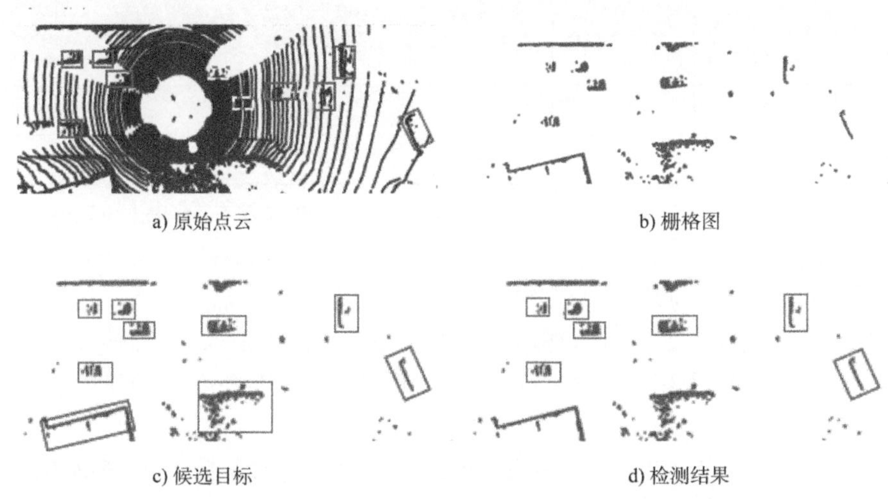

a) 原始点云　b) 栅格图　c) 候选目标　d) 检测结果

图 2-4　算法检测效果图

可以看出,在图 2-4 的场景中,所提算法对于尺度较大的机动车检测效果较好,9 辆机动车检测出了 7 辆,只发生了一次漏检,且没有误检;对于小尺度的非机动车如行人、自行车等障碍物识别效果较差,两个行人都没有检测出来。表 2-3 和表 2-4 分别列出了所提算法对机动车识别和非机动车识别的总体表现。

机动车识别效果　表 2-3

场　景	帧　数	机动车（辆）	正确识别数（辆）	漏检（辆）	准确率（%）	假阳性（辆）
乡村	114	12	12	0	100.0	0
城市	435	94	74	18	78.7	2
高速公路	238	13	12	1	92.3	0

从表 2-3 中可以看出,对于机动车识别来说,所提算法在高速公路、乡村等干

扰较小、环境空旷的交通环境中具有较好的稳定性和可靠性。而在较为复杂的城市交通场景下,所提算法可靠性下降明显。这主要是由于城市环境下交通参与者多,遮挡情况比较严重。另外,由于黑色金属对激光的吸收量大,造成黑色外观车辆因返回的点云数据量少而漏检。此外,在城市环境下还有两个靠近路边停放的集装箱因与车辆具有类似特征而被误检为车辆。

非机动车识别效果　表 2-4

场　景	帧　数	非机动车（个）	正确识别数（个）	漏检（个）	准确率（%）	假阳性（个）
乡村	114	—	—	—	—	—
城市	435	47	14	33	27.7	0
高速公路	238	—	—	—	—	—

从表 2-4 中可以看出,对于非机动车识别来说,所提算法的效果较差,主要原因有以下两点:

①非机动车尺度小,所形成的占有栅格往往只有一个,从而被忽略;

②在十字路口、闹市区等城市环境下行人往往呈现为人群状态,即使使用比较小的栅格,其在栅格图中仍会形成一片不规则形状,难以用合适的特征向量进行描述。

从算法的平均时间复杂度方面来说,假设聚类得到的候选障碍物栅格簇的栅格数为 g_n,栅格簇中的点数为 P_n,特征向量维数为 Dim,则求几何特征的平均复杂度为 $O(P_n^3)$,求反射率特征的平均复杂度为 $O(P_n)$,SVM 预测的时间复杂度为 $O(\mathrm{Dim})$,可得,所提算法的整体平均时间复杂度为 $O(g_nP_n^3+(\mathrm{Dim}-1)P_ng_n+\mathrm{Dim}g_n)$,可见算法的时间复杂度取决于 g_n、P_n 和特征向量的维度 Dim。然而,对于每帧点云来说,g_n、P_n 值都是不一样的,因此算法的处理时间非常不稳定。

综上所述,本节基于激光雷达障碍物识别算法的一般流程设计的方法有以下三点缺陷:

①地面分割、栅格化以及特征向量的设计等步骤过于依赖人为设计的特征和规则,泛化能力差,难以准确获取障碍物的类别。

②多阶段的处理流程容易积累产生复合型错误,各流程之间没有考虑彼此的相互作用。

③对于每一帧数据的计算时间和精度不稳定,无法满足智能驾驶系统在稳定性、实时性等方面的要求。

2.3 基于改进的高效率语义分割网络模型的障碍物识别方法

障碍物识别是智能驾驶环境感知系统的重要任务,需要依靠多种传感器。除了激光雷达传感器外,视觉传感器是另一种被广泛应用于智能驾驶系统障碍物识别的传感器。传统的图像识别算法主要依靠边缘检测、梯度图以及小波变换等方法提取图像特征,它们大多缺少算法训练,算法复杂度高,难以胜任复杂多分类任务。近几年来,随着机器学习算法的兴起,图像识别算法的精度和效率都得到了极大的提升,尤其是以卷积神经网络(Convolutional Neural Networks,CNN)为代表的深度学习算法,开创了图像识别算法的新领域。基于深度学习的图像识别算法与其他传统方法最大的区别,是不需要人为提取特征或设定阈值,而能够自动地从训练样本中提取并学习高阶隐藏特征,实现端到端的检测。目前,最新的深度学习算法能够在多分类的检测任务中达到85%以上的平均准确率,在多分类的语义分割任务中达到80%以上的平均准确率。

本节基于一种高效率神经网络(Efficient Neural Network,Enet)设计了一种改进的高效率语义分割网络模型Enet-CRF并论证了该网络模型的有效性,最后指出了单纯依靠图像的障碍物识别方法的局限性。

2.3.1 基于Enet的障碍物识别

首先,为了验证Enet的效果,利用KITTI数据集在英伟达Titan XP平台上进行实验。KITTI数据集提供的用于语义分割网络训练的图片共200张,包含并标注了各种场景下采集的图片。该数据集的原始标签共有32类,为应对障碍物检测的需求,在实验时仅保留行人、车辆、路面和自行车4类标签。此外,为了增大训练样本,对原有训练样本中的所有图片进行了镜像处理,将原始图片压缩成500像素×500像素大小后作为输入。经过训练和测试图片验证,Enet对各类别的预测准确率见表2-5。

Enet多分类平均预测精度 表2-5

类别	行人	车辆	路面	自行车	总体	MIoU
平均精度(%)	54.5	88.4	93.1	43.1	76.1	58.3

在网络实时性方面,网络能够以平均13ms每帧的速度进行处理。从实验结果

可以看出，Enet 得益于网络结构的优化，在实时性方面表现非常突出，完全能够满足智能驾驶系统实时性的要求。然而，由于 Enet 网络体积的轻量化，其预测精度对于行人、自行车等小体积障碍物识别准确率偏低，图 2-5 是 Enet 预测一个十字路口场景效果。

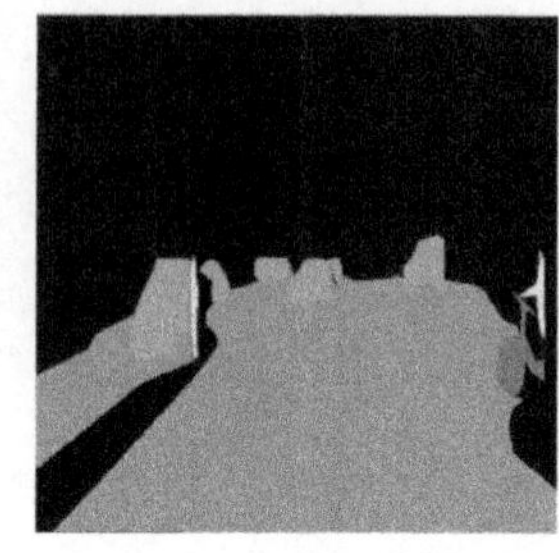

a) 原图　　b) Enet 输出图　　c) 真值

图 2-5　Enet 在某一十字路口场景预测效果

从图 2-5 中可以看出，Enet 对自行车、行人等小尺度信息不敏感，在图 2-5 所示的十字路口场景下，位于图像中间的行人和图像右侧的自行车完全没有被识别出来；另外，Enet 的输出结果在各类别的边缘位置预测准确率低，边缘不清晰、不准确。然而，在复杂交通场景特别是拥堵的城市环境下，行人是重要的交通参与者，需要对其有较高的识别有效性；不同障碍物类别的边缘信息是智能驾驶系统规划行车策略的重要依据，不准确的边缘将造成智能车无法在复杂交通环境下正常行驶。因此，要使用 Enet 作为图像识别算法的网络模型，需要对 Enet 进行进一步的改进。

2.3.2　基于高效率语义分割网络 Enet-CRF 的障碍物识别

Enet 对小尺度信息不敏感，且其在不同数据类别的边缘预测结果较差，造成这些缺陷的主要因素分为两方面：一方面，卷积神经网络的卷积操作和池化操作在提取高阶特征的同时会丢弃一些细节信息，从而造成小尺度信息的丢失；另一方面，卷积神经网络在推导的过程中，弱化了空间和边缘等先验信息的约束作用，影响了网络的预测效果。为了克服上述缺陷，使得 Enet 能够得到比较准确的边缘并提升对小尺度信息的敏感度，可以通过对原有 Enet 网络加入后端优化处理，增加空间信息、边缘信息等约束条件，提高网络的性能。条件随机场（Conditional Random Fields，CRF）是一种常用的用于卷积神经网络后端优化处理的方法，是一种使用全局观预测测量来进行的马尔科夫链模型，可以提高网络预测结果在边缘的预测准确率,并提升网络对小尺度信息的敏感度。

对于一张图片 $\boldsymbol{I}$ 来说,假设 X_i 是与像素 i 的标签有关的随机变量,X_i 可以从标签列表 $L=\{l_1,l_2,\cdots,l_N\}$ 中取值,$X_i\in\boldsymbol{V},\boldsymbol{V}=\{X_1,X_2,\cdots,X_N\}$,其中 N 为图片 $\boldsymbol{I}$ 中像素的数量。设一个全局观测量为 $\boldsymbol{I}$ 的图模型 Gra = $(\boldsymbol{V},E)$,则 $\boldsymbol{V}$ 和 $\boldsymbol{I}$ 的关系可以用吉比斯分布模型来描述:

$$P(V=l|\boldsymbol{I})=\frac{1}{Z(\boldsymbol{I})}\exp(-E(x|\boldsymbol{I}))\tag{2-13}$$

式中,$E(x)$ 是用来衡量像素 i 属于某一个标签的能量函数;$Z(\boldsymbol{I})$ 是规范化因子。

对于像素标签的分类来说,每个像素 i 属于某一标签的能量函数为:

$$E(x)=\sum_i\varphi_{\mathrm{u}}(l_i)+\sum_{i<j}\varphi_{\mathrm{p}}(l_i,l_j)\tag{2-14}$$

式中,$\varphi_{\mathrm{u}}(l_i)$ 是像素 i 被标记为标签 l_i 的代价函数,被称为一元势能;$\varphi_{\mathrm{p}}(l_i,l_j)$ 是像素 i 和像素 j 同时分别被标记为 l_i 和 l_j 的代价函数,被称为成对势能。

CRF 作为卷积神经网络的后端处理结构时,其一元势能就是卷积神经网络的输出结果,其成对势能可用以下函数来描述:

$$\varphi_{\mathrm{p}}(l_i,l_j)=\mu(l_i,l_j)\sum_{m=1}^{M}\omega^{(m)}k_{\mathrm{G}}^{(m)}(\boldsymbol{f}_i,\boldsymbol{f}_j)\tag{2-15}$$

式中,$\boldsymbol{f}_i$ 和 $\boldsymbol{f}_j$ 分别表示像素 i 和像素 j 的特征向量,通常可以用像素的位置和 RGB 信息等表示;$k_{\mathrm{G}}^{(m)}$ 是高斯核,用于度量特征向量 $\boldsymbol{f}_i$ 和 $\boldsymbol{f}_j$ 之间的相似度,$\omega^{(m)}$ 是每个对应高斯核的权重;$\mu(\cdot,\cdot)$ 用于衡量不同标签之间的相容性。

由上述分析可以看出,利用 CRF 进行图片像素标注实际上就是能量函数 $E(x)$ 的最小值优化问题。

为了充分发挥 CRF 和卷积神经网络的相互作用,KRäHENBüHL 等基于 ZHENG 等提出的基于平均场近似(Mean-field Approximate)的 CRF,提出了一种 CRF-RNN 后端优化网络模型,这种网络模型加入卷积神经网络的后端后,可以在训练过程中优化卷积神经网络的输出的同时,将误差反向传播给卷积神经网络,组成一个深层的,能够进行端到端处理的网络模型。基于平均场近似的 CRF 共包含以下 6 个处理步骤:

第 1 步:初始化(Initialization)。对于每一个像素 i,令:

$$Q_i(l)=\frac{1}{Z_i}\exp(U_i(l))\qquad i=1,2,\cdots,N\tag{2-16}$$

其中,$Q_i(l)$ 是一种相互独立的边缘分布,$U_i(l)=-\varphi_{\mathrm{u}}(l_i=l)$。从上述表达式可

以看出,初始化实际上是在对卷积神经网络传递过来的一元势能进行 Softmax 操作。

第 2 步:信息传递(Message Passing)。在网络模型收敛之前,令:

$$\widetilde{Q}_i^{(m)}(l) = \sum_{j \neq i} k^{(m)}(\boldsymbol{f}_i, \boldsymbol{f}_j) Q_j(l) \tag{2-17}$$

这步实际上是对初始化操作后的图像通过高斯核进行高斯模糊,相当于神经网络的卷积运算,因此该步骤也能作为卷积神经网络的一部分。

第 3 步:加权求和(Weighting Filter Outputs)。在前两个步骤完成后,对高斯滤波器的输出进行加权求和,即令:

$$\breve{Q}_i(l) = \sum_{m} \omega^{(m)} \widetilde{Q}_i^{(m)}(l) \tag{2-18}$$

第 4 步:相关性转换(compatibility transform)。令:

$$\widehat{Q}_i(l) = \sum_{l' \in L} \mu(l, l') \breve{Q}_i(l') \tag{2-19}$$

其中,$\mu(l,l')$用以描述标签 l 和 l'的相关性,$\mu(l,l') = [l \neq l']$,$[\bullet]$是艾弗森运算(Iverson Bracket),其作用是当不同的标签被分配给具有类似性的像素时,给予其一定的惩罚,例如将"行人"和"自信车"标签分配给相邻像素受到的惩罚要比将"行人"和"天空"标签分配给相邻像素受到的惩罚低。相关性转换的步骤可以用一个卷积层来完成。

第 5 步:添加一元势能(Adding Unary Potentials)。此步骤将卷积神经网络得到的一元势能与前面步骤得到的输出直接相减,即令:

$$\widehat{Q}_i(l) = U_i(l) - \hat{Q}_i(l) \tag{2-20}$$

第 6 步:正则化(Normalizing)。正则化过程可以看作一个是另一个 Softmax 操作,即令:

$$Q_i = \frac{1}{Z_i} \exp(\widehat{Q}_i(l)) \tag{2-21}$$

从上述讨论可以看出,一次平均场近似 CRF 的处理过程被简化为相乘或相加的形式,可以看作是卷积神经网络的一部分。图 2-6 完整地展示了一次平均场近似的迭代过程$f_{\theta_{\mathrm{CRF}}}$:给定一幅图像 $\boldsymbol{I}$,一元势能 U 以及历史迭代产生的边缘概率估计 Q_{in},则边缘概率估计的更新值为$f_{\theta_{\mathrm{CRF}}}(U, Q_{\mathrm{in}}, I)$,其中 $\theta_{\mathrm{CRF}} = (\boldsymbol{\omega}^{(m)}, \mu(l,l'))$,代表 CRF 的参数。

上述平均场近似迭代可以反复使用,形成一种如图 2-7 所示的类似递归神经网络(Recurrent Neural Network,RNN)的结构,这种结构称为 CRF-RNN 网络,该网络的处理过程可以用以下方程来表示:

$$
\begin{aligned}
&H_1(t)=\begin{cases}\text{Softmax}(U) & t=0\\ H_2(t-1) & 0<t\leqslant T\end{cases}\\
&H_2(t)=f_{\theta_{\text{CRF}}}(U,H_1(t),I) \qquad 0\leqslant t\leqslant T\\
&Y(t)=\begin{cases}0 & 0\leqslant t<T\\ H_2(t) & t=T\end{cases}
\end{aligned} \tag{2-22}
$$

式(2-21)中，T 表示平均场近似迭代的次数。

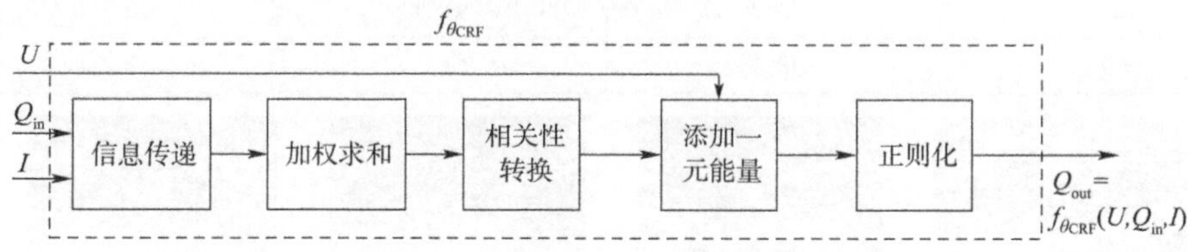

图 2-6　一次平均场近似迭代过程

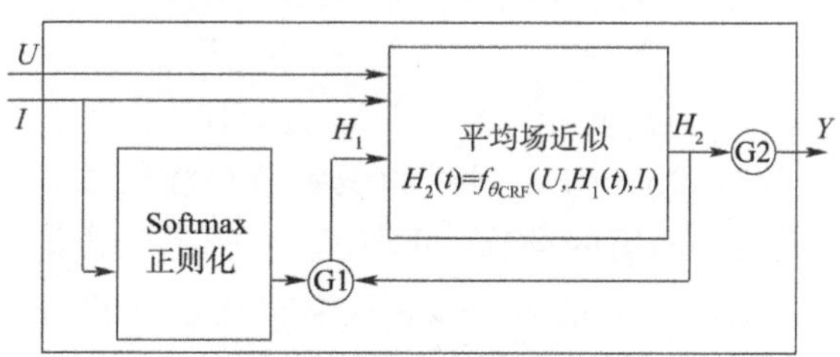

图 2-7　CRF-RNN 网络

图 2-7 中，G1 与 G2 是 RNN 网络中的门控制结构。基于上述讨论，本节将 CRF-RNN 网络加入 Enet 网络的后端，平均场近似的迭代次数设置为 5 次，组成如图 2-8 所示的一种改进的高效率语义分割网络模型 Enet-CRF。

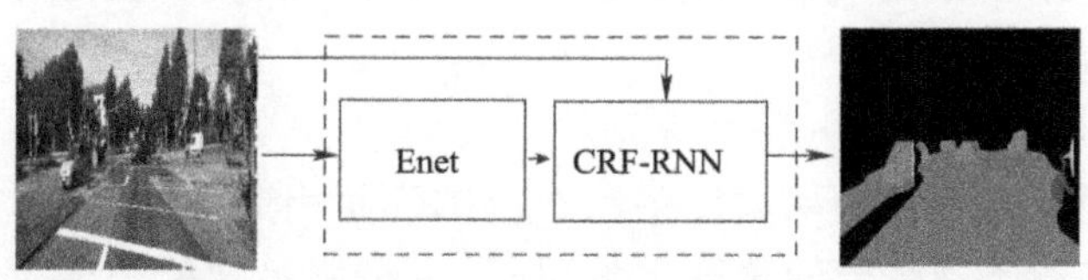

图 2-8　Enet-CRF 网络模型

为了验证 Enet-CRF 的有效性，本节再次在 KITTI 数据集上进行了实验。Enet-CRF 对各个类别的预测准确率见表 2-6。

从表 2-6 中可以看出，Enet-CRF 网络模型相较原有的 Enet 对各个类别的预测准确率都有了一定提升，特别是对行人、自行车两类小尺度障碍物的预测精度大幅提升。图 2-9 是在与图 2-9 相同场景下 Enet-CRF 与 Enet 输出的对比图。

Enet-CRF 预测准确率 表 2-6

类　别	Enet 准确率(%)	Enet-CRF 准确率(%)	准确率提升(%)
行人	54.5	65.5	+11.0
车辆	88.4	89.2	+0.8
路面	93.1	95.4	+2.3
自行车	43.1	59.3	+16.2
总体	76.1	81.1	+5.0
MIoU	58.3	61.1	+2.8

a) 原图

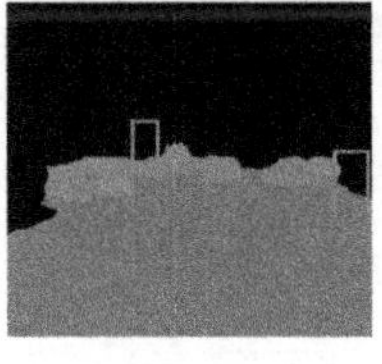
b) Enet

c) Enet-CRF

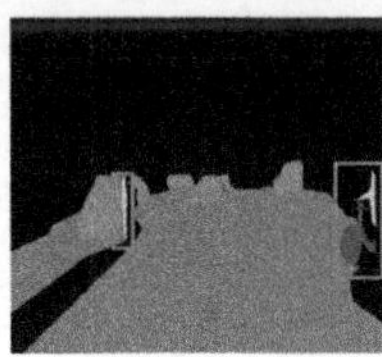
d) 真值

图 2-9　Enet 与 Enet-CRF 效果对比

从图 2-9 中可以看出，Enet-CRF 网络的识别效果相较 Enet 有很大的提升，尤其是在各类别的边缘位置，网络的准确率明显提高，输出的边缘更加清晰准确。另外，Enet-CRF 网络模型对小尺度信息的敏感度明显增强，如图 2-9 中实线框的位置所示，Enet-CRF 已经能够准确地标注出部分属于行人和自行车的像素点，相较原有 Enet 的识别效果有了很大的改观。

然而，单纯基于视觉传感器进行障碍物识别的方法仍存在一定缺陷，其主要表现在：

(1)图像易受光照、天气等环境因素的影响，导致相关算法的在复杂交通场景下失效。

(2)图像难以获取准确的深度信息。

上述两方面缺陷都是由视觉传感器本身的不足引起的，很难依靠算法改进克服，因此，需从多传感器融合的角度出发，设计一种满足智能环境感知系统需求的障碍物识别算法。

2.4 基于激光雷达与视觉传感器融合的障碍物识别方法

由前面的讨论可知，激光雷达和视觉传感器的特点呈现出一种互补的关系。

将激光雷达和视觉传感器融合是一种既能准确获取障碍物的类别，又能准确获取障碍物的空间信息的可行方案。此外，将激光雷达的高精度信息作为约束条件，理论上可以进一步提高障碍物分类的准确率

本节设计了一种基于激光雷达与视觉传感器融合的障碍物识别算法(Enet-CRF-Lidar)，该算法实现了激光雷达和视觉传感器图像在数据层面和高阶特征两方面的融合，有助于提高智能驾驶环境感知系统障碍物识别的准确率和可靠性。

2.4.1　数据层融合

激光雷达数据是不均匀的、稀疏的，无法作为卷积神经网络的输入，因此需要对激光雷达数据进行预处理，将其转换成一种均匀的、稠密的形式。

视觉传感器获得的图像可直接作为卷积神经网络的输入，不需要进行额外处理，因此考虑将激光雷达数据转化为图像的形式。在计算机中，图像是一种类似矩阵的数据结构，例如，一幅尺寸为 $M \times N$ 个像素的彩色图像在计算机中占 $M \times N$ 个单位的存储空间，每个存储空间内保存每个像素点的像素值，对于彩色图片来说，就是 R、G、B 三个通道的数值。将激光雷达数据转换成与图像类似的数据形式，就是要将激光雷达数据转换成和图像具有相同尺寸，并保存相关有用信息的形式，生成雷达图，雷达图中的“像素点”与图像中的像素点一一对应。因此，生成雷达图分为两个步骤：①确定激光雷达点云在图像平面的位置；②确定雷达图的“像素值”。

在雷达图生成过程中，实际上是对视觉传感器探测的区域内的激光雷达点云进行转换，即将能够投影到图像的二维平面上点云进行转换，排除剩余的点云，显然，想要实现车辆周围环境的全方位感知，只需要使用多个视觉传感器，本节以车辆正前方方向为例。设 vol_to_img 是三维激光雷达坐标系到二维图像平面的转换矩阵，激光雷达点云 P 通过公式 VOL_IMG = P · vol_to_img 转换为二维图像平面内的点 VOL_IMG。

显然，激光雷达点云是稀疏的，要获得与图像上的像素点一一对应的雷达图，还需进行上采样，生成致密雷达图。近年来，研究人员提出了许多利用三维雷达点云生成二维致密雷达图的方法，这些方法主要可以分为两类：①基于滤波的方法；②基于优化的方法。本节经过综合考虑，使用德劳内三角剖分(Delaunay Triangulation，DT)对稀疏雷达图进行剖分后再进行数据填充生成致密雷达图。基于 DT 三角剖分的上采样算法实现简单，填充后无缝隙，可以非常快速地表征复杂物体的表面模型。

DT 三角剖分是三角剖分法的一种拓展。三角剖分是将离散点剖分成不均匀

三角形网格的方法。假设 P_V 是二维实数域上的有限点集，边 e 是由点集中的点作为端点构成的封闭线段，$e \in E_{DT}$，则该点集的一个三角剖分应满足以下三个条件：

(1)所有的边不包含除了端点外的点。

(2)没有相交的边。

(3)所有的面都是三角形，且所有三角面的合集是点集 P_V 的凸包。

DT 三角剖分对传统三角剖分规则中的边做了特殊规定，使得所形成的每个三角形尽可能接近等边三角形。DT 三角剖分的定义为：对于任意一条边 e，存在一个经过其两个端点的圆，且圆上不含点集 P_V 中除了端点外的其他点。

DT 三角剖分具有许多良好的特性，主要体现在以下 4 个方面：

(1)唯一性。DT 三角剖分的结果是唯一的。

(2)区域性。任一定点的变化只会影响相邻的三角形。

(3)最近性。以最接近的三点形成三角形，且各个三角形的边不相交。

(4)最小角特性。在所有的散点集可能形成的三角剖分结果中，DT 剖分产生的三角形的最小角最大。

综上所述，DT 三角剖分的稳定性较高，剖分产生的平面不会出现数据之间大跨度的关联，符合设计致密雷达图的初衷。

根据 Lawson 算法得到散点之间的德劳内三角形，其算法步骤如下。

第 1 步：构造一个能包含所有散点的矩形并记录改矩形 4 个顶点 D_1、D_2、D_3、D_4 的位置。

第 2 步：在散点中任选一点 P_1 与矩形的 4 个顶点相连构成 4 个三角形。

图 2-10 是 Lawson 算法的第 1 步与第 2 步的示意图。

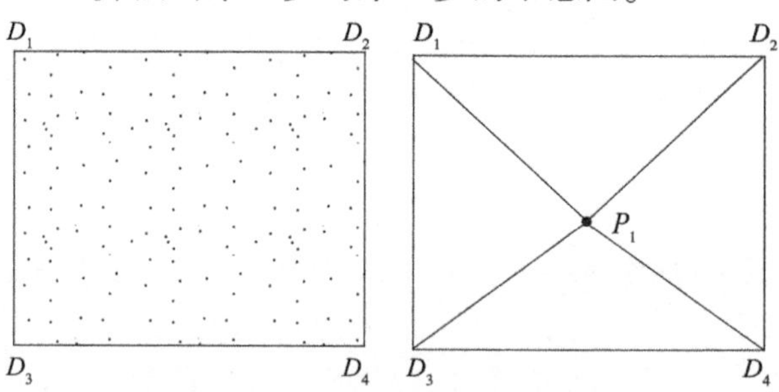

图 2-10　第 1 步与第 2 步的示意图

第 3 步：插入剩余点。如图 2-10 所示，以散点中与 P_1 不同的任一点 P_2 为例，确定 P_2 所处的三角形的顶点 D_3、D_4、P_1，作包含这三个顶点的全部的三角形的外接圆并找出包含 P_2 点的三角形。如果这些三角形有公共边，则删除该公共边，并

将 P_2 与其余三角形的顶点连接起来，完成一个点的插入。

第 4 步：局部优化。根据 DT 三角剖分的原则对形成的局部三角剖分结果进行优化，具体做法如下：将具有公共边的三角形看作一个四边形；根据 DT 三角剖分的空圆准则，作其中一个三角形的外接圆，判断四边形的 4 个顶点是否在该外接圆内，如果在外接圆内，则将四边形的对角线对调，完成局部优化。

第 5 步：重复第 3 步和第 4 步，直到完成所有的散点插入，完成 DT 三角剖分。

图 2-11 展示了第 3 步～第 5 步的具体步骤和迭代过程。

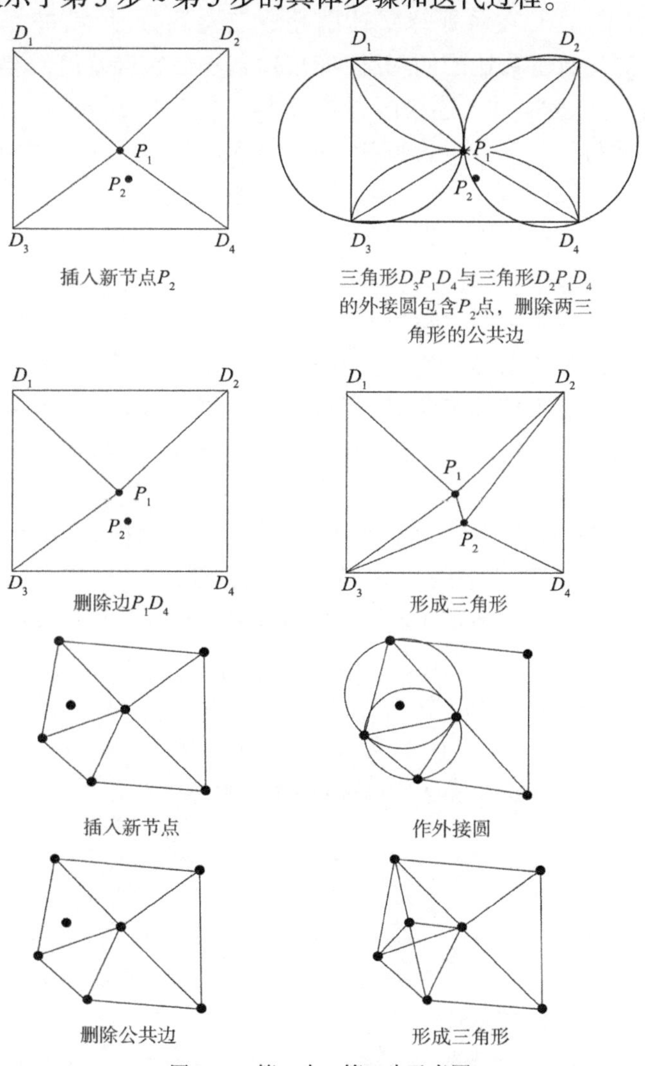

图 2-11　第 3 步～第 5 步示意图

图 2-12 所示为对一系列散点进行 DT 三角剖分后的结果，经过 DT 三角剖分后，原始的散点图所在平面被剖分成由若干个三角形组成的平面。

图 2-12　DT 三角剖分

为生成致密雷达图，在对稀疏雷达图完成三角剖分后，需进行数据填充。显然，为了尽可能提高致密雷达图的精度，应采用基于最邻近差值的相关方法。维诺图（Voronoi Diagram）是一种由连接两邻点直线的垂直平分线组成的连续多边形组成的平面图，常常与三角剖分组合使用，维诺图具有按距离划分邻近区域的特点，符合致密雷达图插值的要求。建立维诺图的一般步骤为：

第 1 步：对离散点和使用 DT 三角剖分后产生的三角形分别进行编号，记录每个三角形的端点。

第 2 步：计算并记录每个三角形的外接圆圆心。

第 3 步：遍历每个三角形，寻找与当前三角形相邻的三个三角形。

第 4 步：若存在三个相邻三角形，则将三个相邻三角形的外心和当前三角形的外心连接，这三条边即为维诺边；若不存在相邻三角形，则将最外边的中垂线作为维诺边。

图 2-13 所示是维诺图生成的过程，图 2-13a）为原始散点，图 2-13b）为对散点进行 DT 三角剖分后的结果，图 2-13c）虚线部分为维诺图。

维诺图生成后，即可对数据进行填充。维诺图将 DT 三角剖分产生的平面中每一个三角形分成了三个小块。如图 2-14 所示，P_{i_1}、P_{i_2}、P_{i_3}为 DT 三角剖分平面内的一个三角形的三个顶点，Cha_P 为维诺图中该三角形中的一个小块中的任意一点，由维诺图的特性可知，Cha_P 到 P_{i_1}的距离小于到 P_{i_2}和 P_{i_3}的距离。因此，在进行数据填充时，认为 Cha_P 的相关数值与 P_{i_1}相等。

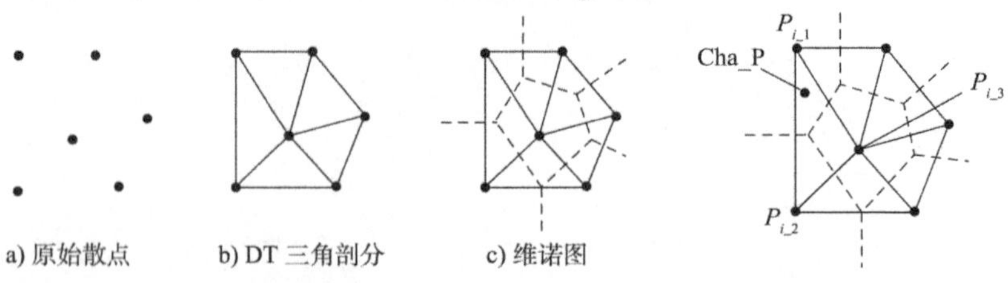

a) 原始散点　b) DT 三角剖分　c) 维诺图

图 2-13　维诺图生成过程

图 2-14　数据填充示意图

激光雷达的点云数据包含了每个点的位置信息和反射率信息，因此雷达图的“像素值”应由深度信息 P_{ixi} 和反射率信息 R_{xi} 组成。设投影到图像平面内的最远点的距离为 D_{max}，则雷达图中每个“像素点”像素值(D_{ixi}，R_{xi})为：

$$
\begin{aligned}
D_{ixi} &= \text{round}\left(\text{Nor} \times \frac{D_i}{D_{\max}}\right) \\
R_{xi} &= \text{ref}_{xi}
\end{aligned}
\tag{2-23}
$$

式(2-22)中，D_i 为每个点到雷达坐标系中心点的欧式距离；round( )为取整操作；Nor 为归一化因子；ref_{xi} 为每个点的反射率数值，由于激光雷达的反射率数值通常已经经过归一化，因此可以直接使用。

为了形象展示雷达图的效果，图 2-15 将一幅雷达图的距离信息以单通道灰度图的形式进行显示。图 2-15a)为图像传感器获得的原始图像，图 2-15b)为将激光雷达点云投影到对应的图像坐标系中的结果，图 2-15c)为单通道显示的“雷达图”。

a) 原始图像

b) 激光雷达数据投影图

c) 单通道雷达图

图 2-15 雷达图生成过程

从图 2-15 中可以看出,雷达图可以在将激光雷达数据转换成图像形式的同时,很好地保留障碍物的空间、形状等信息。由于雷达图中的“像素点”位置与图像中的像素点位置是一一对应的,在神经网络训练时,雷达图中每个“像素点”的标签可以直接通过图像获得。

2.4.2 高阶特征融合

卷积神经网络中的卷积操作能够获取图像的高阶特征并对其进行学习,从而获得分割结果,然而,正是卷积这种操作在提取关键信息的同时抛弃了局部细节信息导致分割结果的边缘不准确和小尺度信息缺失的问题。为了解决上述问题,2.3 节在 Enet 的后端加入 CRF-RNN 网络进行后端处理,组成了一种改进的高效率语义分割网络模型(Eent-CRF),一定程度上提升了网络的性能,尤其是在边缘位置的预测精度和对小尺度信息的敏感度。然而,2.3 节所设计 Enet-CRF 的性能仍有一定的提升空间。从多传感器融合的角度来说,一方面雷达图的高精度信息可以作为 Enet-CRF 后端网络 CRF-RNN 的输入,增加空间信息和反射率信息的约束条件,进一步提高 Enet-CRF 网络的分类准确率;另一方面,雷达图可以提供可靠的距离信息。

本小节利用 2.4.1 节中得到的雷达图和图像传感器获得的 RGB 图像作为 2.3 节所设计的 Enet-CRF 网络的输入,形成一种新的激光雷达和视觉传感器融合的障碍物识别网络模型(Enet-CRF-Lidar),实现激光雷达传感器和视觉传感器的在数据层面和高阶特征上的融合。这种融合的方式具有两方面的特点:①RGB 图像和雷达图的高阶特征能够在网络的训练的过程中被提取、学习并融合,雷达图的空间信息和反射率信息作为约束可以进一步提高网络的分类准确率;②通过雷达图可以得到每个障碍物的距离信息。通过 Enet-CRF-Lidar 网络模型,可以在障碍物分类的准确率的同时,得到每个障碍物空间信息。

图 2-16 展示了 Enet-CRF-Lidar 网络模型的整体框架,首先,将视觉传感器获取的原始图像作为 Enet-CRF-Lidar 网络模型的前端输入,通过 Enet 得到一元势能;接着,将 Enet 得到的一元势能、原始图像的高斯滤波结果以及雷达图的高斯滤波结果输入到 CRF-RNN 后端网络并进行迭代,CRF-RNN 后端网络在迭代的过程中会进一步优化分类预测结果,并且产生的误差可以通过反向传播传递给前端的 Enet 网络,实现端到端的处理模式。

设计雷达图和 RGB 图像融合的高斯滤波器具有 4 个高斯核,其中第一个高斯核约束像素点的像素值与像素点位置的关系:

$$k^{(1)}=\omega^{(1)}\exp\left(-\frac{\|\mathrm{Pos}_i-\mathrm{Pos}_j\|^2}{2\delta_\alpha^2}-\frac{\|\mathrm{Pix}_i-\mathrm{Pix}_j\|^2}{2\delta_\beta^2}\right) \tag{2-24}$$

式中，Pos 是像素点的位置；Pix 是 RGB 图像中像素点的像素值，通过该高斯核的约束，可以使相邻并拥有相似颜色的像素点具有相同的标签。

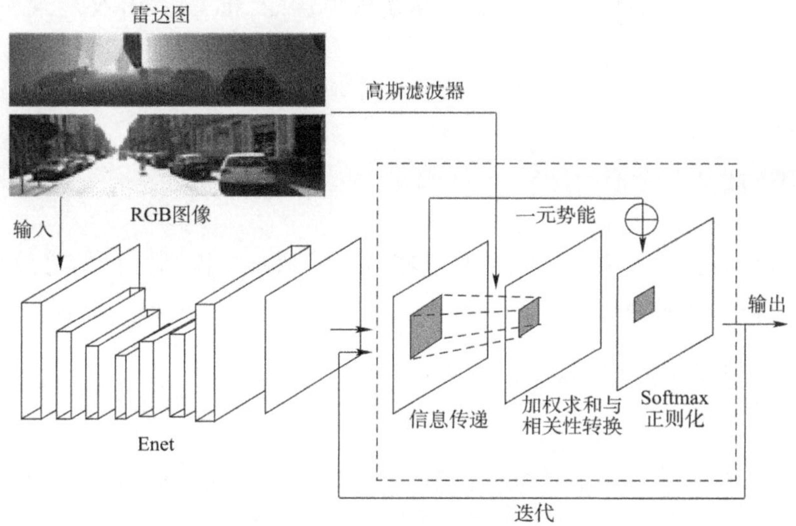

图 2-16　Enet-CRF-Lidar 网络模型

第二个高斯核用以约束每个像素点的标签与其深度之间的关系：

$$k^{(2)}=\omega^{(2)}\exp\left(-\frac{\|\mathrm{Pos}_i-\mathrm{Pos}_j\|^2}{2\delta_\gamma^2}-\frac{\|D_i-D_j\|^2}{2\delta_\varepsilon^2}\right) \tag{2-25}$$

式中，Pos 是像素点的位置；D 为雷达图中的深度信息，通过该高斯核的约束，可以使相邻并具有相似深度的像素点具有相同的标签。

第三个高斯核用以约束每个像素点的标签与以反射率之间的关系：

$$k^{(3)}=\omega^{(3)}\exp\left(-\frac{\|\mathrm{Pos}_i-\mathrm{Pos}_j\|^2}{2\delta_\eta^2}-\frac{\|\mathrm{ref}_i-\mathrm{ref}_j\|^2}{2\delta_o^2}\right) \tag{2-26}$$

式中，Pos 是像素点的位置；ref 为雷达图中的反射率信息，通过该高斯核的约束，可以使相邻并具有相似反射率的像素点具有相同的标签。

第四个高斯核是平滑内核，其作用是去除小的孤立区域：

$$k^{(4)}=\omega^{(4)}\exp\left(-\frac{\|\mathrm{Pos}_i-\mathrm{Pos}_j\|^2}{2\delta_\kappa^2}\right) \tag{2-27}$$

上述四式中的其他参数都是通过网络训练获得的。

在实际操作过程中，如果 CRF-RNN 后端网络的迭代次数过多，可能会产生梯度爆炸或者梯度消失的情况，并且 CRF-RNN 后端网络的迭代次数达到一定程度后，整个网络的性能并不会有进一步的提升。本节在训练 Enet-CRF-Lidar 网络时，为防止发生梯度爆炸或消失情况的发生，将 CRF-RNN 后端网络的迭代次数设置为 5 次。在网络训练完成后，为了提高网络的整体性能，将 CRF-RNN 后端网络的迭代次数设置为 10 次。

2.5 验证与分析

为了验证所提激光雷达与视觉传感器融合的障碍物识别方法的有效性，根据实际条件进行了实验验证。

2.5.1 设备与实验环境

1）计算机平台

所用的实验计算机平台搭载英特尔至强 E3 系列 CPU，48GB 内存和三块英伟达 GTX TITAN XP 显卡，计算机所使用的操作系统为 Ubuntu14.04。

2）实验数据

目前，在智能交通领域的公开数据集主要有 Cityscapes、KITTI 和 CamVid。其中，Cityscapes 和 CamVid 数据集不包含激光雷达数据，因此实验所用的数据集为 KITTI 数据集。

KITTI 数据集的数据采集平台配置如图 2-17 所示，其环境感知平台主要由两个彩色摄像头、两个灰度摄像头和一个 Velodyne 64 线激光雷达组成。

KITTI 数据集提供的原始数据（Raw Data）中包含了在乡村、城市和高速公路等多种道路下实时采集的 64 线激光雷达和视觉传感器的原始数据，并对运动过程中产生的激光雷达点云畸变和摄像头畸变进行了校正。KITTI 数据集提供的图片大小为 1241 像素 ×376 像素，共有编号为 0～3 的四个摄像头的数据，其中，0 号和 1 号摄像头采集的图片是单通道灰度图，2 号和 3 号摄像头采集的是彩色 RGB 图片。KITTI 数据集还提供了各个摄像头坐标系之间的转换矩阵以及激光雷达坐标系到 0 号摄像头坐标系的转换矩阵。实验所采用的数据是 2 号摄像头的彩色图像和对应的激光雷达数据，在实际操作过程中，只要将激光雷达点云通过两次坐标变换投影到 2 号摄像头的坐标系下，再采用 2.4.2 节所述的方法即可得到致密的雷达图。

在实验过程中将原始彩色图像和雷达图统一剪裁压缩为 500 像素 ×500 像素的大小，此外，为了降低图片压缩产生的噪点对网络训练造成影响，对所有原始彩色图像进行了均值化处理。

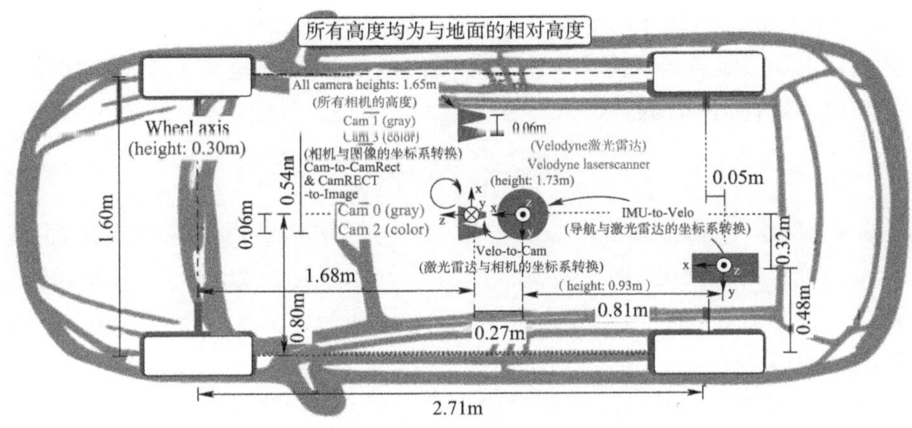

图 2-17 KITTI 数据集采集平台

为了训练所提的激光雷达与视觉传感器融合的障碍物识别网络模型(Enet-CRF-Liar)，从原始数据(Raw Data)中选取乡村道路、高速公路和城市步行街三个数据包，在数据包中挑选 500 帧原始数据进行标注作为训练集。挑选训练集数据时，尽量多地选取包含行人和自行车的图片，以保证训练样本的平衡性。为了扩大训练样本，将上述 500 张训练图片进行了镜像反转，因此，训练集共包含 1000 张图片。对每张图片中的“汽车”“路面”“自行车”和“人”4 类目标进行标注，其他统一认为是“背景”，因此，训练出来的网络模型是 5 分类的网络。在上述三个数据包中的剩余部分挑选出 200 帧作为测试集 A，另外挑选出 200 帧作为测试集 B，用以测试不同网络模型的泛化能力。

2.5.2 实验内容与评价指标

1)横向比较

首先分别对比 Enet、Enet-CRF 以及 Enet-CRF-Lidar 三种模型的效果。在对 Enet 进行训练的过程中，Batch Size 大小设置为 10。初始学习率设置为 0.005，并使用阶梯状学习率的训练策略。在对 Enet-CRF 以及 Enet-CRF-Lidar 网络的训练过程中，Batch Size 大小设置为 10，学习率设置为 10^{-13}。在训练 Enet-CRF 和 Enet-CRF-Lidar 网络时使用较小的学习率是因为这两种网络模型使用到了更多的数据，较小的学习率可以使网络缓慢地收敛，更好地对多种数据的高阶特征进行学习，达到更好的训练效果。

通过以下三个指标评价不同的网络结构的性能指标：

①平均像素精度。指每个类别的像素被正确标注的平均精度，即在整个测试集中，每个类别被正确标注的像素点在该类别所有像素点的占比。

②平均 IoU。指网络预测出来的每个类别与真值所在范围的交集与并集的比值的平均值，其计算同时为：

$$\mathrm{IoU} = \frac{\mathrm{TP}}{\mathrm{TP} + \mathrm{FP} + \mathrm{FN}} \tag{2-28}$$

以“行人”这一类别为例，式(2-27)中，TP 为标注结果为正确的像素数；FP 为标注结果为假正的像素数，例如将属于“车辆”的像素标注为“行人”；FN 为标注结果为假负的像素数，例如将属于“行人”的像素标注为“车辆”。平均 IoU 指所有类别 IoU 的平均值。

③平均处理时间。网络模型在试验平台上处理一帧数据所花费的平均时间。实时性是智能驾驶系统的重要指标，因此所设计的障碍物识别方法要求在提高准确率的同时兼顾实时性要求。

2)纵向比较

为了进一步验证本章所提多传感器融合框架的有效性，本节还将分别对比 Enet-CRF-Lidar、ASVADI 等以及 GAO 等所提的激光雷达与视觉传感器融合的障碍物识别方法的效果。由于 ASVADI 等方法的输出是如图 2-18 所示的目标检测框的形式，无法与 Enet-CRF-Lidar 的语义分割的结果直接进行比较，因此将从障碍物识别准确率和平均处理时间两方面来对不同的多传感器融合的障碍物识别模型进行比较。在判断障碍物识别的有效性时，采用了 PASCAL 规范，即对于机动车这种大尺度障碍物来说，识别得到的区域与真值所在区域的重叠部分超过 70% 时认为是一次正确识别，否则认定为一次错误的识别；对于行人和自行车这种小尺度障碍物来说，识别得到的区域与真值所在区域的重叠部分超过 50% 时认为是一次正确识别，否则认定为一次错误识别。障碍物识别准确率即正确识别的障碍物个数在障碍物总数中的占比。

图 2-18　ASVADI 等方法的输出

2.5.3 结果与分析

1)横向比较

Enet、Enet-CRF 和 Enet-CRF-Lidar 经过训练后在测试集 A 上的测试结果见表 2-7。从表中可以看出,本章所设计的 Enet-CRF-Lidar 在平均像素精度和平均 IoU 这两项指标上皆优于其他两种网络模型;在网络的实时性方面,虽然 Enet-CRF-Lidar 网络的平均耗时相比其他两个网络模型比较多,但是 Enet-CRF-Lidar 在所用计算机平台上仍能以近 10Hz 的频率输出,仍能保证一定的效率。

各模型在测试集 A 上的表现 表 2-7

网络模型	平均像素精度(%)	平均 IoU(%)	平均处理时间(ms)
Enet	55.4	51.2	13
Enet-CRF	62.3	54.9	88
Enet-CRF-Lidar	67.4	57.6	113

Enet、Enet-CRF 和 Enet-CRF-Lidar 在测试集 A 上的部分输出结果如图 2-19 所示。从图 2-19 以及表 2-7 中所示的结果可以看出,在类似高速公路和乡村道路这种比较简单的交通场景下,三种网络模型都具有较好的障碍物分类效果,其中,Enet-CRF 和 Enet-CRF-Lidar 由于加入了额外的约束条件,分类准确率尤其是在各类别边缘位置的精度相比 Enet 更高。在城市、十字路口等这类交通参与者多、环境复杂的交通场景下,Enet 的分割效果欠佳,只能够识别出较大尺度的障碍物,对小尺度障碍物几乎完全不能识别且各类别边缘准确率非常低。相应的,Enet-CRF 在加入一些基于图像的约束条件后,对小尺度障碍物的敏感度有一定程度的提升,边缘准确率大幅提高。特别的,具有图像和激光雷达融合后的多个约束条件的 Enet-CRF-Lidar 在 Enet-CRF 的基础上进一步提高分割准确率,对小尺度障碍物的敏感度显著提升,以步行街这一场景为例,Enet 网络模型完全不能识别不出位于图片中的行人,识别出来的汽车和路面边缘参差不齐;在 Enet-CRF 模型下,部分行人已经能够被识别出来但仍不够清晰,但是车辆和路面的识别准确率相较 Enet 已有明显提升,边缘位置的准确率也有明显提升;在 Enet-CRF-Lidar 模型下,已经可以比较清晰地看出位于正前方的部分行人,同时汽车和路面的识别准确率相较 Enet-CRF 模型有进一步的提高。

综上所述,本章所设计的激光雷达与视觉传感器融合的障碍物识别方法(Enet-CRF-Lidar)虽然损失了一定的实时性,但其在障碍物分类方面相较原有网络模型有了比较明显的提升，具有一定的有效性。

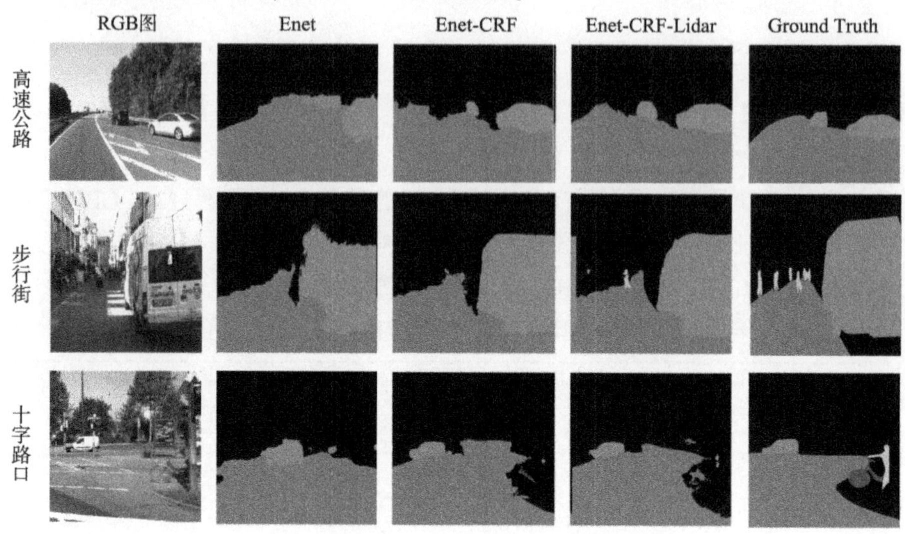

图 2-19　各模型在测试集 A 上的部分输出结果

在测试 B 上对 Enet、Enet-CRF 以及 Enet-CRF-Lidar 进行了进一步的测试，以验证不同网络模型的泛化能力。测试集 A 中的数据虽然没有作为网络的训练集，但测试集 A 与训练集出自同样的数据包，环境场景相似，数据之间方差小。测试集 B 中的数据是从与测试集 A 不同的数据包中挑选出来的，与测试集 A 数据之间的方差比较大，可以用来测试不同网络的泛化能力。Enet、Enet-CRF 和 Enet-CRF-Lidar 在测试集 B 上的测试结果见表 2-8。从表中可以看出，三种网络模型在测试集 B 上的表现均有一定程度的下降。其中 Enet 下降最为明显，这主要是由于 Enet 的轻量体积从而导致了其泛化能力不够。另外两种网络模型 Enet-CRF 与 Enet-CRF-Lidar 得益于后端处理网络 CRF-RNN 加入的约束条件，在测试集 B 上仍有较好的表现，尤其是 Enet-CRF-Lidar，在加入激光雷达的高精度信息和图像信息作为约束条件后，在处理非训练集数据输入时，性能降低的幅度最小。Enet、Enet-CRF 和 Enet-CRF-Lidar 在测试集 B 上的部分测试结果如图 2-20 所示。

各网络模型在测试集 B 上的表现　　表 2-8

网络模型	平均像素精度(%)	平均 IoU(%)	平均处理时间(ms)
Enet	33.1	25.2	13
Enet-CRF	53.3	49.6	88
Enet-CRF-Lidar	61.0	53.9	117

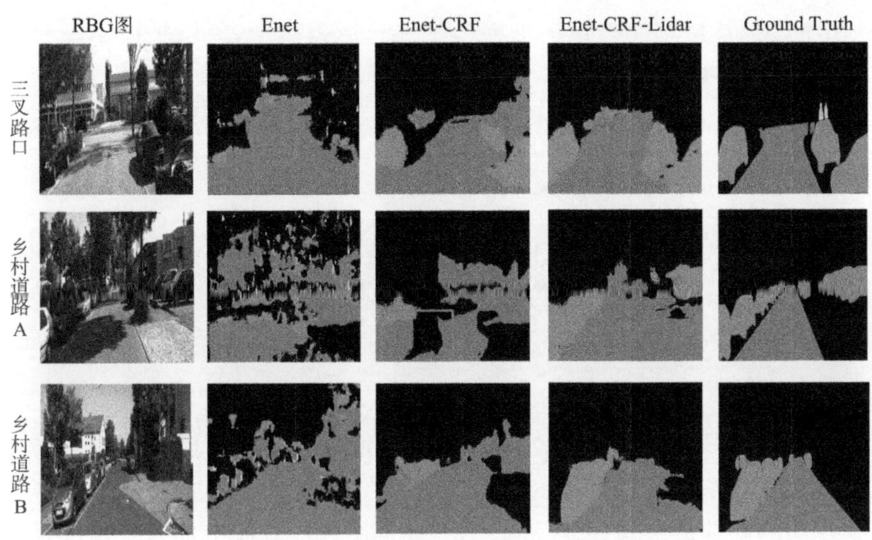

图 2-20　各网络在测试集 B 上的部分输出

从图 2-20 的结果可以看出，Enet 在测试集 B 上只能勉强保证“路面”这一类别的识别有效性，而对其他障碍物的识别效果欠佳。这主要是由于在训练样本中，每一帧数据都包含路面，其在训练样本中的占比比较大，因此网络对路面的拟合效果好，而对于其他占比比较小的类别，网络对其的拟合效果比较差；Enet-CRF 和 Enet-CRF-Lidar 在加入后端优化网络后，相较 Enet 在测试集 B 上仍具有一定的分类准确率，其中 Enet-CRF-Lidar 在激光雷达的高精度信息和图像信息的双重约束条件下，分类准确率最高。以图 2-20 中的乡村道路为例，实线框中的路面由于被阴影遮挡，使得这部分路面在单纯使用图像的 Enet 和 Enet-CRF 网络模型下都被标注为“背景”，这部分路面在 Enet-CRF-Lidar 模型下被正确标注，这主要是由于雷达图提供的深度信息和反射率信息起的作用，使得 Enet-CRF-Lidar 的后端优化网络能够在额外的约束条件下成功纠正被标记错误的类别。可以看出，本章所设计方法在障碍物分类方面不仅有较高的障碍物分类准确率，还具有一定的环境适应能力。

2）纵向比较

为了进一步验证本章所设计的 Enet-CRF-Lidar 融合框架的有效性，在测试集 B 上将本章所设计的 Enet-CRF-Lidar 与 ASVADI 等和 GAO 等所提方法进行比较。ASVADI 等提出一种如图 2-21 所示的激光雷达与视觉传感器融合的障碍物识别框架。该方法基于 YOLO-V3 网络模型，分别训练了基于雷达深度图的 YOLO-D、基于雷达反射率图的 YOLO-R 和基于图像的 YOLO-C 三个网络模型，最后对三种模型的输出进行融合得到障碍物识别的结果。在该方法中,多传感器数据只在输出端进行了融合,没有充分利用好各种传感器数据的互补性,是一种比较单一的融合方式。

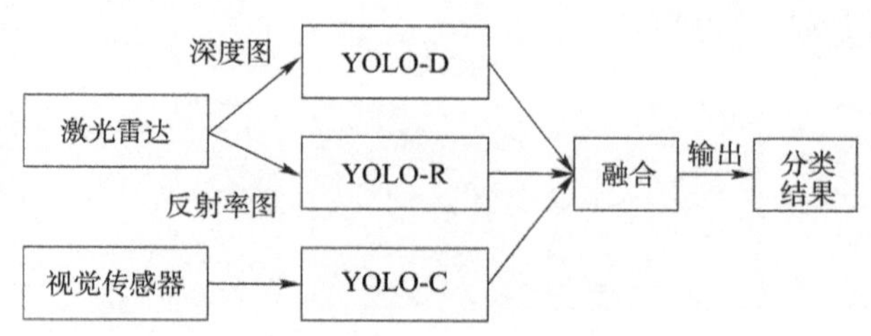

图 2-21 ASVADI 等方法框架

GAO 等提出了一种如图 2-22 所示的激光雷达与视觉传感器融合的障碍物识别方法,该方法将激光雷达数据与视觉传感器在数据层面上进行融合,生成一种名为 RGB-D 图的新数据形式,即在原有的三通道图像的基础上加入了深度信息作为第四个通道。该方法将 RGB-D 图作为输入训练一个深层卷积神经网络,从而实现障碍物的识别。这种方法只在输入端对激光雷达和视觉传感器数据进行了融合,没有充分考虑不同传感器数据之间的交互作用,同样也是一种单一的融合方式。

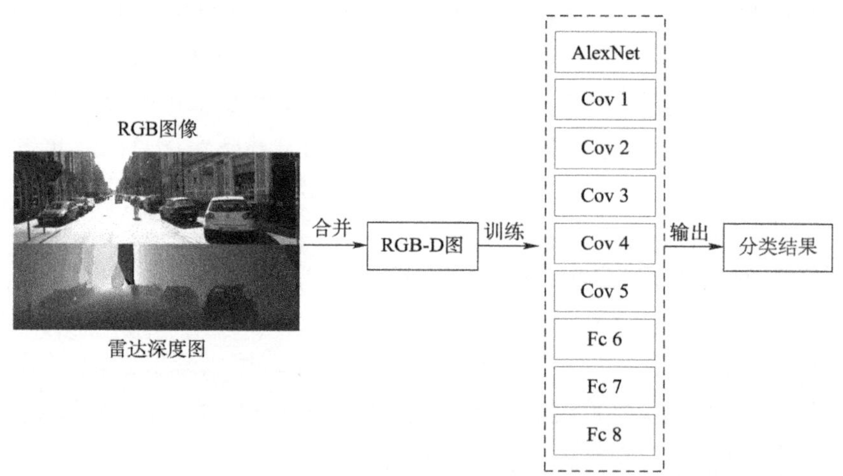

图 2-22 GAO 等方法框架

表 2-9 罗列了三种不同的激光雷达与视觉传感器融合的障碍物识别方法在测试集 B 上的表现。从表中可以看出,本章所设计的 Enet-CRF-Lidar 多传感器融合的障碍物识别方法的识别准确率相较 ASVADI 等和 GAO 等所提的单一的多传感器融合方式有明显的提升,这主要是由于本章所设计的 Enet-CRF-Lidar 模型在对

多传感器数据进行融合处理时,不仅依靠卷积神经网络来提取学习高阶特征,还利用后端网络中的四个高斯核加入了图像像素值与其类别的关系、图像像素位置与其类别的约束关系、激光雷达点云深度与其类别的位置关系和激光雷达点云反射率与其类别的约束关系这些先验信息的作为约束条件,从而有效提高了障碍物分类的准确率。与此同时,本章所设计的 Enet-CRF-Lidar 模型得益于其前端网络 Enet 的高效性,还能在多种交通环境下保证较高障碍物分类准确率的同时兼顾实时性的要求,具有一定的有效性。

不同多传感器融合障碍物识别方法比较 表 2-9

网络模型	识别准确率(%)	平均处理时间(ms)
ASVADI 等的方法	60.5	63
GAO 等的方法	67.2	135
Enet-CRF-Lidar	71.4	117

在获得图像中每个像素的类别之后,雷达图中每个“像素”的类别也随即得到,只需要进行简单的聚类,即可区分出不同的障碍物。通过求取雷达图中每个障碍物像素点的深度的平均值,即可得到每个障碍物的深度信息。由于激光雷达的测距精度具有非常高的可靠性,本节不再对障碍物深度信息的准确性进行实验验证。

综上所述,本章所设计的激光雷达与视觉传感器融合的障碍物识别方法(Enet-CRF-Lidar)能够有效提升障碍物分类的准确率,并具有一定的环境适应能力,有助于进一步提高智能驾驶环境感知系统的性能。

2.6 本章总结与展望

2.6.1 总结

可靠、稳定的障碍物识别是智能驾驶环境感知系统的关键功能。本章以智能驾驶系统对障碍物识别的需求为依据,从障碍物分类和障碍物空间信息获取两方面入手,展开了基于多传感器融合的障碍物识别技术的研究。主要工作如下:

(1)改进了基于单传感源的相关算法,并设计了一种改进的高效率语义分割网络模型(Enet-CRF),验证了该网络模型的性能。

(2)在单传感源障碍物识别方法的研究基础上,设计了基于激光雷达和视觉传感器融合的障碍物识别方法(Enet-CRF-Lidar),使得激光雷达和视觉传感器优势互补,实现了激光雷达和视觉传感器在数据层和高阶特征两方面的深度融合。

(3)设计并开展了相关实验,对提出的方法进行验证、评估和分析。实验表明,该方法能有效提高障碍物分类的准确率,并能够获取准确的障碍物空间信息。

2.6.2 展望

目前,智能驾驶环境感知技术还处于探索研究阶段,仍有大量急需解决和提升关键技术。本章为提高智能驾驶系统障碍物识别的性能,研究了基于多传感器融合的障碍物识别方法,并通过实验验证了该方法的有效性。但是就本章的研究内容而言,仍有以下问题需要进一步研究:

(1)对于小尺度障碍物的识别准确率需要提升。

(2)雷达图生成较为耗时,系统实时性有待增强。

(3)未来的研究中,应针对光照不足等情况采取相应的措施,进一步提高智能驾驶环境感知系统的环境适应能力。

第3章

路侧端多源融合车辆识别感知技术

在智能车路系统中,交通环境信息的准确分析是实现“人-车-路-云”高度协同功能的关键因素。车辆作为交通主要参与者,精准感知其空间位置、数量等信息尤为重要。目前,路侧车辆检测主要采用感应线圈、视觉传感器等感知技术,难以同时满足高精度、环境适应性、移动性、实时性和空间信息准确性等多方面要求。随着人工智能的发展,以视觉传感器、激光雷达等传感器为信息源,基于神经网络的车辆识别算法逐渐成为该领域的主流方法,该方法性能优势明显,被广泛应用在环境感知方向。从环境感知的角度分析,路侧交通场景的复杂性突出地表现在两方面:车辆目标多尺度化和环境光照多变性。单纯依靠单类传感器很难精确识别车辆,因此,如何利用多传感器信息融合,提高多尺度车辆目标的识别准确率,增强抗光照变化干扰能力,获取准确车辆位置信息,保持较高的系统实时性,是极具挑战性且亟待解决的难题。

为解决上述问题,以视觉传感器和激光雷达为主要传感源,开展了适用于复杂交通场景的路侧端车辆识别方法的研究。

3.1 基于不同传感源的车辆识别方法

3.1.1 基于毫米波雷达的车辆识别方法

毫米波雷达通过连续线性调频波测算出前方车辆的距离,依据发射波形与反射波形的频率差来分辨出车辆的速度和角度,具有体积小、环境适应性好、探测距离远的优点,但是其探测角度较小,信息量不够丰富,在车辆特征识别方面表现较差。因此,仅仅依靠毫米波雷达是很难准确识别路侧车辆。

3.1.2 基于视觉传感器的车辆识别方法

目前,在深度学习中,基于视觉传感器的车辆识别方法主要分为两类:以R-CNN(Regions with CNN)系列为代表的两阶段网络和以 YOLO、SSD 网络为代表的单阶段网络。其中,两阶段网络主要包含“候选区域生成 + 目标分类”两个阶段,检测精度高,但所需参数更多,计算量大,运行速度较慢。针对此问题,单阶段网络直接利用网络回归目标框位置和类别置信度,大幅度提升了目标识别的速度。其中,YOLO 网络最为经典,该模型去掉了“候选区域生成”步骤,基于预设矩形框在网络最后一层回归得到位置偏移量,将目标识别问题转化为单步回归问题,运行速度得到了极大提升。

在路侧交通场景中,车辆由远及近分布,在图像上呈现出多尺度化特征。尤其远处车辆在图像中尺度较小,信息分辨率低且受噪声干扰大,检测难度大且识别精度低,严重影响了整体车辆识别准确率。针对多尺度目标识别精度低的问题,许多算法相继被提出,如感知生成对抗网络(Perceptual Generative Adversarial Network,PGAN)、改进的SSD网络和加入尺度变换模块等。此外,锚框机制的不足也在一定程度上影响了车辆识别精度,因此,很多国内外研究人员开始研究基于无锚框(Anchor- free)目标识别算法以提高多尺度目标识别的精度:LAW等提出了一种基于无锚框目标检测网络CornerNet,该网络将目标检测问题转化为边界框角点检测问题,并设计相对应的角点池化层以准确定位角点位置。LIU等以行人识别为例,提出了一种高级语义特征检测网络——CSP网络,该网络直接检测行人目标的中心点坐标与尺度信息,从而实现无锚框机制。TIAN等设计了一种全卷积的单阶段目标检测网络(Fully Convolutional One-Stage Object Detection,FCOS),以逐像素预测的方式解决目标检测问题,该方法通过消除预定义的锚框,避免了锚框相关的复杂计算,并且显著减少了训练内存。

由上述讨论可知,针对多尺度目标识别问题,设计并引入新的网络模块、采用无锚框机制的方法逐步成为主流趋势。但是视觉传感器易受光照变化影响,而路侧场景处于露天状态,环境光照具有多变性,因此,单纯依靠视觉传感器很难适应复杂路侧交通环境。

3.1.3 基于激光雷达的车辆识别方法

目前,基于激光雷达的车辆识别方法主要分为三种:基于模型的方法、基于特征的方法以及基于深度学习的方法。美国内华达大学徐浩课题组将路侧三维激光雷达采集的点云数据进行聚类,并以方向矩形盒的形式进行车辆定位。北京大学POSS课题组将二维激光雷达安装在十字路口,通过对雷达数据进行聚类,提取出车辆特征,从而实现交通路口的车辆检测功能。浙江大学程建通过提取多种车辆点云特征,采用了“车辆点云特征向量 + SVM”的形式,实现了车辆检测。清华大学在2016年提出了一种基于深度学习的目标检测网络(Multi-View 3d Object Detection Network,MV3D),该方法利用卷积神经网络对三维点云数据的投影图——鸟瞰图、圆柱图等,进行特征提取,然后将多个视图的特征融合起来实现目标检测。

对于复杂的路侧交通场景,特别是车辆拥堵的情况,激光雷达由于点云数据的离散性,不能完整地表征车辆形状,难以实现车辆类型的分类。

3.1.4 基于多传感器融合的车辆识别方法

对于路侧端复杂的交通场景,采用单型传感器进行环境感知,难以保障车辆识别的准确率与精确度。视觉传感器采集的图像具有丰富的颜色特征,在车辆分类、识别方面具有较大的优势,但是缺陷也很明显,即在成像过程中三维物体的深度信息被丢失,虽然可以通过自标定的方法恢复深度信息,但该方法的精度不佳;激光雷达以点云的形式保留了物体的三维空间特征及反射率信息,但是在目标分类上表现不佳。由此可见,视觉传感器与激光雷达形成互补关系,由两者信息融合的目标识别算法也国内外被相继提出。

CALTAGIRONE 等提出一种摄像机与激光雷达信息融合的新方式——交叉融合,该方法将 RGB 图像、雷达数据图像分别作为两个全卷积网络的输入,并将不同层级的语义特征在两全卷积网络之间进行共享叠加,从而完成数据特征融合。与其他融合方式相比,该方法在网络间进行多次交叉融合,参数量较多且精度并没有显著提升;ROMERA 等提出一种融合激光雷达与图像语义分割信息的车辆识别方法,该方法首先基于高效率残差分解卷积网络(Efficient Residual Factorized ConvNet,ERFNet)进行图像语义分割并筛选出车辆的最小外围矩形框,然后将图像语义分割结果投影到雷达点云中,聚类得到车辆的三维目标框,接着将三维目标框映射到图像中与语义分割得到的结果进行融合,从而完成车辆识别。该方法借助 ERFNet 快速分割的优点,实时性较好,但是车辆识别的准确率主要依赖于语义分割网络性能,并没有对雷达信息进行深层次利用。LIANG等提出了一种端到端的可学习架构,该架构基于激光雷达与摄像头信息,包含了 2D、3D 障碍物识别与地面分割等功能模块,利用关键点融合与感兴趣区域融合的方法,实现更加精确的目标检测功能。该方法在 KITTI 数据集 3D 目标检测榜上排名靠前,显示了雷达与摄像头信息的深度特征融合是行之有效的目标识别方法。

综上所述,在环境感知领域,基于多传感器尤其是视觉传感器和激光雷达数据融合的目标识别算法是目前该领域的研究热点。对于智能路侧终端环境感知系统,如何利用多传感器信息融合,提高多尺度车辆目标的识别准确率,增强抗光照变化干扰能力,获取准确车辆位置信息,保持较高的系统实时性,是极具挑战性且亟待解决的难题,同时也具有重要的学术意义和工程价值。

3.2 路侧环境感知系统传感器标定方法

在智能路侧终端中，环境感知系统是实现智能化感知功能的基础，是完成实时性信息交互行为的必要条件。作为环境感知系统的重要组成部分，传感器快速准确地采集环境信息显得尤为关键，而传感器的自标定是准确采集数据的保证，传感器间的联合标定是信息融合的基础。因此，本节着重关注路侧终端环境感知系统传感器的标定技术，首先简单介绍路侧终端环境感知系统的基本特性；其次介绍摄像机与激光雷达的标定方法；接着研究并设计了一种基于平面特征的联合标定算法，最后实验验证基于平面特征的联合标定算法的可行性。

3.2.1 路侧环境感知系统介绍

在智能路侧终端中，全面、准确、稳定地感知交通环境信息是保障其功能有效性的必要前提和基础，而传感器是其实现信息感知的必要组成部分，因此，传感器的选择至关重要。基于本章第一节内容的讨论，选用激光雷达与摄像机作为主要的感知源，设计了一种路侧环境感知系统，如图 3-1 所示。

所选摄像机为海康威视 CMOS 网络摄像头，如图 3-2 所示。海康威视 CMOS 网络摄像头具有体积小、成本低等优点。其支持 10M/100M 自适应网口传输，最高分辨率可达 200 万像素，帧率可达 30 帧每秒，满足环境感知系统对实时性、稳定性的要求。

所选激光雷达为 Velodyne 公司的 32 线激光雷达 VLP-32C，如图 3-3 所示，每秒可产生多达 12 万个三维点，为目标识别提供了丰富的点云数据信息。此外，VLP－32C 雷达具有 360°水平视场和 40°垂直视场（从 +15.0° ~25.0°），水平角分辨率为 0.1° ~0.4°，旋转频率范围为 5 ~20Hz。激光雷达旋转频率过高，易导致雷达工作不稳定；旋转频率过低，则难以满足智能路侧系统实时性。经综合考虑，以 10Hz 的旋转频率采集数据，保证了系统的稳定性与实时性。

3.2.2 环境感知系统传感器标定

1）摄像机标定

摄像机的成像过程是对三维空间点做透视变换投影到二维图像上，因此，图像像素点与三维空间点是对应的。摄像机标定的实质是求取三维空间点与图像像素点之间的对应关系，这种对应关系与摄像机的几何模型、摄像机在三维空间的安装位置以及角度有关。其中摄像机几何模型参数用内参来描述，摄像机在三维空间的安装位置和角度用外参来描述，标定最终目的是求解摄像机的内外参数。

图 3-1　路侧环境感知系统

图 3-2　海康威视 CMOS 网络摄像头

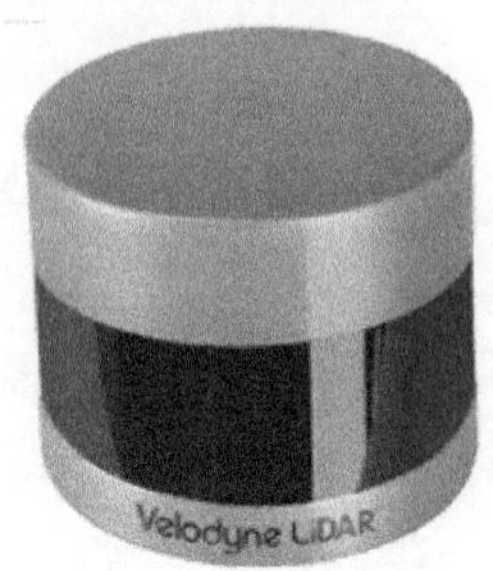

图 3-3　Velodyne 32 公司线激光雷达

摄像机几何模型分线性和非线性两种，其中线性针孔模型是效果比较理想的视觉成像模型，应用最为广泛。如图 3-4 所示，摄像机成像过程涉及坐标系包括：世界坐标系 $O_wX_wY_wZ_w$、摄像机坐标系 $O_cX_cY_cZ_c$、图像物理坐标系 OXY 和图像像素坐标系 O_0uv。

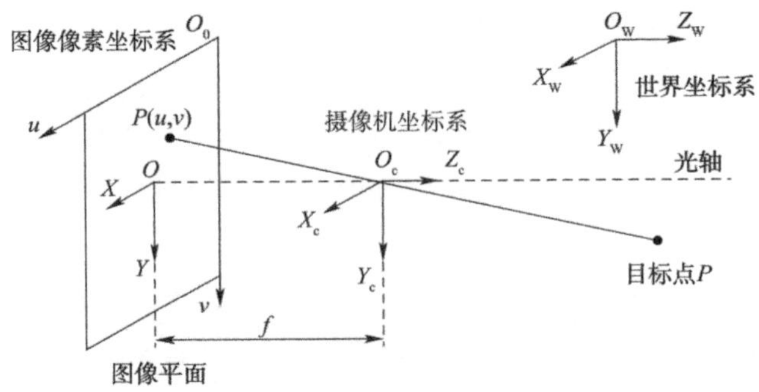

图 3-4　线性针孔摄像机成像过程图

摄像机外参求解：世界坐标系某点 $P(x_w, y_w, z_w)$ 经坐标变换投影到摄像机坐标系中的点 (x_c, y_c, z_c)。其中，坐标变换可由外参表示，外参包括旋转矩阵 $\boldsymbol{R}_{cw}$ 和平移向量 $\boldsymbol{t}_{cw}$：

$$\begin{bmatrix} x_c \\ y_c \\ z_c \end{bmatrix} = \boldsymbol{R}_{cw} \begin{bmatrix} x_w \\ x_w \\ x_w \end{bmatrix} + \boldsymbol{t}_{cw} \tag{3-1}$$

上式用矩阵形式表示为：

$$\begin{bmatrix} x_c \\ y_c \\ z_c \\ 1 \end{bmatrix} = \begin{bmatrix} \boldsymbol{R}_{cw} & \boldsymbol{t}_{cw} \\ 0^T & 1 \end{bmatrix} \begin{bmatrix} x_w \\ y_w \\ z_w \\ 1 \end{bmatrix} \tag{3-2}$$

摄像机内参求解：摄像机坐标系中的物点(x_c, y_c, z_c)，首先通过透视变换转换到图像物理坐标系中的像点(x', y')；然后根据图像物理坐标系与像素坐标系的关系，映射到二维图像中的像点(u, v)。公式如下：

$$x' = f\frac{x_c}{z_c}, y' = f\frac{y_c}{z_c} \tag{3-3}$$

式(3-3)中，f是摄像机的焦距。以矩阵形式表示为：

$$z_c \begin{bmatrix} x' \\ y' \\ 1 \end{bmatrix} = \begin{bmatrix} f & 0 & 0 & 0 \\ 0 & f & 0 & 0 \\ 0 & 0 & 1 & 0 \end{bmatrix} \begin{bmatrix} x_c \\ y_c \\ z_c \\ 1 \end{bmatrix} \tag{3-4}$$

图像像素坐标系以像素为基本单位，图像物理坐标系是以物理单位(mm)表示的，坐标关系如图3-5所示。

两图像坐标系之间的转换公式如下：

$$u = \frac{x'}{\mathrm{d}x} + u_0, v = \frac{y'}{\mathrm{d}y} + v_0 \tag{3-5}$$

式中，$\mathrm{d}x$、$\mathrm{d}y$分别表示像素点在对应坐标轴上的单位距离；(u_0, v_0)是图像像素中心坐标。将式(3-2)、式(3-4)和式(3-5)联立，则线性针孔模型摄像机成像过程可以表示为：

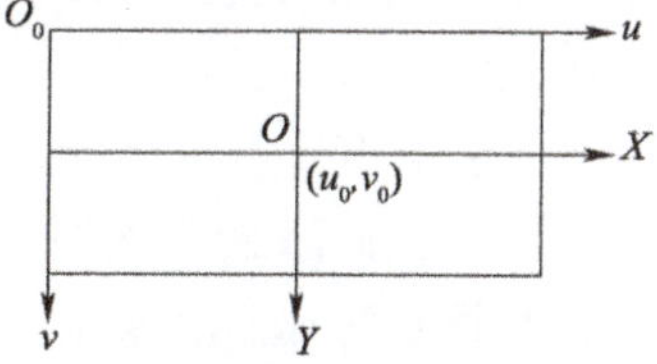

图3-5　图像物理坐标系与图像像素坐标系的转换

$$z_c \begin{bmatrix} u \\ v \\ 1 \end{bmatrix} = \begin{bmatrix} \frac{1}{\mathrm{d}x} & 0 & u_0 \\ 0 & \frac{1}{\mathrm{d}y} & v_0 \\ 0 & 0 & 1 \end{bmatrix} \begin{bmatrix} f & 0 & 0 & 0 \\ 0 & f & 0 & 0 \\ 0 & 0 & 1 & 0 \end{bmatrix} \begin{bmatrix} \boldsymbol{R}_{cw} & \boldsymbol{t}_{cw} \\ 0^T & 1 \end{bmatrix} \begin{bmatrix} x_w \\ y_w \\ z_w \\ 1 \end{bmatrix}$$

$$= \begin{bmatrix} \alpha & 0 & u_0 & 0 \\ 0 & \beta & v_0 & 0 \\ 0 & 0 & 1 & 0 \end{bmatrix} \begin{bmatrix} \boldsymbol{R}_{cw} & \boldsymbol{t}_{cw} \\ 0^T & 1 \end{bmatrix} \begin{bmatrix} x_w \\ y_w \\ z_w \\ 1 \end{bmatrix} = \boldsymbol{M}_1 \boldsymbol{M}_2 \begin{bmatrix} x_w \\ y_w \\ z_w \\ 1 \end{bmatrix} \tag{3-6}$$

式中，$\alpha = f/\mathrm{d}x$；$\beta = f/\mathrm{d}y$；$\boldsymbol{M}_1$ 是摄像机的内参矩阵；$\boldsymbol{M}_2$ 是摄像机外参矩阵。则在已知摄像机内参的情况下，可以利用三维空间中的若干特征点在世界坐标系中的坐标和图像像素坐标系中的坐标共同建立约束方程，从而求得外参参数。摄像机标定算法有很多，张正友标定法是一种经典的方法，并且效果较好，采用该方法进行摄像机标定，方法步骤如下：

第 1 步：移动摄像机，从不同的角度拍摄至少三幅标定板图像；

第 2 步：提取每幅标定板图像的内角点；

第 3 步：通过摄像机模型求解参数初始值；

第 4 步：在参数初始值的基础上，进行最大似然估计，计算参数精确值。

根据张正友标定法，可以计算出摄像机内参 α、β、μ_0、ν_0 和每幅标定板图像对应的外参 $\boldsymbol{R}_{ci}$、$\boldsymbol{t}_{ci}$。其中，α、β 分别为标定图像在像素坐标系 $O_0\mu\nu$ 中 μ、ν 轴方向上的尺度因子；$\boldsymbol{R}_{ci}$、$\boldsymbol{t}_{ci}$分别为第 i 个标定板图像所对应的世界坐标系中位姿的旋转矩阵和平移向量；i 表示标定图像序号。

2）激光雷达标定

激光雷达标定包括内参标定和外参标定。内参是指水平偏移角度、竖直偏移角度、距离测量精度、竖直偏移因子以及水平偏移因子等参数，Velodyne 激光雷达的内部模型以及参数已经固定并校正完成，所以本节主要介绍外参的标定。外参标定的实质是求取世界系统坐标系与雷达坐标系的转换矩阵，标定流程如图 3-6 所示。

Velodyne 激光雷达原始输出数据是极坐标距离和水平旋转角度(ρ,ω,θ)，首先将数据从极坐标系转化到笛卡儿坐标系，如图 3-7 所示；然后将激光雷达笛卡儿坐标系转换到世界坐标系。

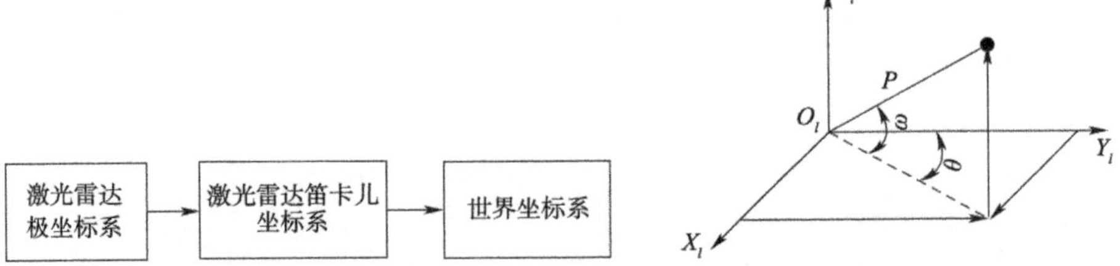

图 3-6　激光雷达标定坐标系变换图　　图 3-7　激光雷达极坐标转化图

极坐标系转化到笛卡儿坐标系公式如下：

$$\begin{cases} x_l = \rho\cos(\omega)\sin(\theta) \\ y_l = \rho\cos(\omega)\cos(\theta) \\ z_l = \rho\sin(\omega) \end{cases} \tag{3-7}$$

式中，(x_l, y_l, z_l)为对应雷达点在笛卡儿坐标系中的位置坐标。智能路侧终端环境感知系统一般安装在龙门架或路侧高处，激光雷达可以获取三维空间位置信息。为了利于后期数据处理，将世界坐标系选取在雷达坐标系正下方，原点为雷达坐标系 Z_l 轴与地面的交点，X_w 轴、Y_w 轴方向与雷达坐标系 X_l、Y_l 轴方向相同，如图 3-8 所示。

雷达坐标系与世界坐标系之间的位置转换关系见式(3-8)：

$$\begin{cases} x_w = x_l \\ y_w = y_l \\ z_w = z_l + \Delta h \end{cases} \tag{3-8}$$

式中，(x_w, y_w, z_w)、(x_l, y_l, z_l)分别为环境感知系统坐标系、雷达坐标系的对应点的坐标；Δh 为激光雷达实际安装的高度值。

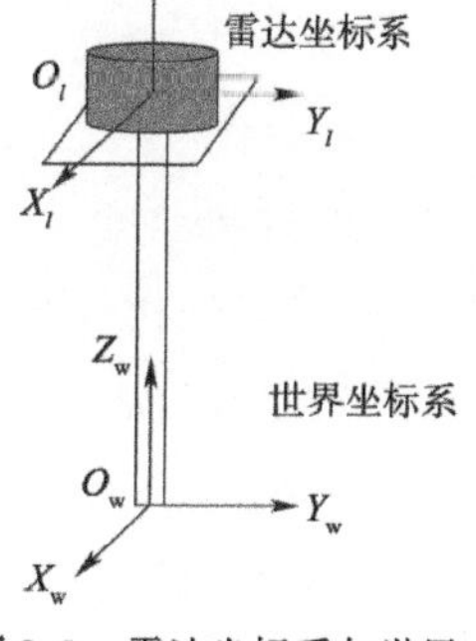

图 3-8　雷达坐标系与世界坐标系的位置关系

3）基于平面特征的联合标定

智能路侧终端环境感知系统联合标定过程的实质：以参照物在摄像机坐标系、雷达坐标系的位置信息为约束条件，求解两坐标系转换的旋转矩阵 $\boldsymbol{R}_{cl}$与平移向量 $\boldsymbol{t}_{cl}$。依据参照物几何特征的不同，联合标定方法大致分为三类：基于点匹配、线匹配、平面特征匹配。基于平面特征的方法利用更多的特征点，有效减少了混合像素的干扰，相对于点匹配和线匹配方法，标定精度更高。这里采用了一种基于平面特征的联合标定方法，该方法包括三个步骤：平面特征提取、线性求参、非线性优化。

（1）平面特征提取。

在三维空间中，平面参数化形式包括 Hesse 形式、球坐标形式、单位四元数形式等。经过综合考虑，这里使用经典的 Hesse 形式，即用单位法向量、平面与原点的距离来表示平面。在摄像机坐标系中，设原点到第 i 个标定平面单位法向量为 $\boldsymbol{n}_{ci} = \boldsymbol{R}_{ci}[0,0,-1]^{\mathrm{T}}$，距离为 $\lambda_{ci} = \boldsymbol{n}_{ci}^{\mathrm{T}} \times t_{ci}$。

在激光雷达坐标系中，提取平面特征需对靶标点云进行平面拟合。随机抽样一致算法(Random Sample Consensus，RANSAC)是一种经典的鲁棒性模型参数估计方法，采用该算法拟合靶标点云平面，步骤为：

第 1 步：在靶标点云中，随机抽取定量的点计算初始平面方程；

第 2 步：根据初始方程，筛选出误差小于阈值 ε 的内点并统计数量 $N\varepsilon$，若 $N\varepsilon$ 大于设定的阈值，则该模型为待定模型；

第 3 步：重复第 1 步和第 2 步达到预设迭代次数，比较各待定模型的内点数量和误差的方差，输出最优平面模型。

在激光雷达坐标系中，第 i 个标定平面的空间方程为 $a_{li}x + b_{li}y + c_{li}z + d_{li} = 0$，设原点到该平面的单位法向量为 $\boldsymbol{n}_{li}$，距离为 $\boldsymbol{\lambda}_{li}$，公式如下：

$$\boldsymbol{n}_{li} = \frac{[a_{li}, b_{li}, c_{li}]}{\sqrt{a_{li}^2 + b_{li}^2 + c_{li}^2}} \tag{3-9}$$

$$\boldsymbol{\lambda}_{li} = \frac{|d_{li}|}{\sqrt{a_{li}^2 + b_{li}^2 + c_{li}^2}} \tag{3-10}$$

(2)线性求参。

设定摄像机坐标系与雷达坐标系之间转换参数初值为旋转矩阵 $\boldsymbol{R}_0$、平移向量 $\boldsymbol{t}_0$。在摄像机坐标系中，激光雷达坐标系原点到第 i 幅靶标平面的距离为 $\boldsymbol{\lambda}_{ci} - \boldsymbol{n}_{ci}^{\mathrm{T}} \boldsymbol{t}_0$；在激光雷达坐标系中，原点到第 i 幅靶标平面的距离为 $\boldsymbol{\lambda}_{li}$。依据靶标平面建立的约束关系，通过最小化两距离的差值，即可得到平移向量初值 $\boldsymbol{t}_0$，则目标函数为：

$$\min_{t_0} \sum_{i=1}^{N} (\boldsymbol{\lambda}_{li} - (\boldsymbol{\lambda}_{ci} - \boldsymbol{n}_{ci}{}^{\mathrm{T}} \boldsymbol{t}_0))^2 \tag{3-11}$$

式中，N 为靶标平面图像的总数，该目标函数的最小二乘解为：

$$\begin{cases} \boldsymbol{t}_0 = (\boldsymbol{n}_{c} \boldsymbol{n}_{c}^{\mathrm{T}})^{-1} \boldsymbol{n}_{c} (\boldsymbol{\lambda}_{l} - \boldsymbol{\lambda}_{c}) \\ \boldsymbol{n}_{c} = [\boldsymbol{n}_{c1} \quad \boldsymbol{n}_{c2} \quad \cdots \quad \boldsymbol{n}_{cN}] \\ \boldsymbol{\lambda}_{c} = [\boldsymbol{\lambda}_{c1} \quad \boldsymbol{\lambda}_{c2} \quad \cdots \quad \boldsymbol{\lambda}_{cN}]^{\mathrm{T}} \\ \boldsymbol{\lambda}_{l} = [\boldsymbol{\lambda}_{l1} \quad \boldsymbol{\lambda}_{l2} \quad \cdots \quad \boldsymbol{\lambda}_{lN}]^{\mathrm{T}} \end{cases} \tag{3-12}$$

类似，摄像机坐标系原点到第 i 个标定平面单位法向量为 $\boldsymbol{n}_{ci}$，激光雷达坐标系原点到该平面的单位法向量为 $\boldsymbol{n}_{li}$，则最小化两向量夹角差值，即最大化夹角的余弦值，可得到旋转矩阵初值 $\boldsymbol{R}_0$，目标函数为：

$$\boldsymbol{R}_0 = \arg\max_{\boldsymbol{R}_0} \sum_{i=1}^{N} \boldsymbol{n}_{ci}{}^{\mathrm{T}} (\boldsymbol{R}_0 \boldsymbol{n}_{li}) = \max_{\boldsymbol{R}_0} \mathrm{trace}(\boldsymbol{R}_0 \boldsymbol{n}_l \boldsymbol{n}_c^{\mathrm{T}}) \tag{3-13}$$

式中，$\boldsymbol{n}_l = [\boldsymbol{n}_{l1} \quad \boldsymbol{n}_{l2} \quad \cdots \quad \boldsymbol{n}_{lN}]$，旋转矩阵初值 $\boldsymbol{R}_0$ 满足 $\boldsymbol{R}_0{}^{\mathrm{T}} \boldsymbol{R}_0 = \boldsymbol{I}_3$ 和 $\det(\boldsymbol{R}_0) = 1$ 的性质，其中 $\boldsymbol{I}_3$ 为 3×3 大小的单位矩阵。根据正交强制规范问题(Orthogonal Procrustes Problem)，目标函数[式(3-13)]的解为：

$$\begin{cases} \boldsymbol{R}_0 = \boldsymbol{V}\boldsymbol{U}^{\mathrm{T}} \\ \boldsymbol{U}\boldsymbol{S}\boldsymbol{V}^{\mathrm{T}} = \boldsymbol{n}_l \boldsymbol{n}_c^{\mathrm{T}} \end{cases} \tag{3-14}$$

(3)非线性优化。

上述线性求参步骤单独计算旋转矩阵和平移向量，本小节在参数初值的基础

上,将靶标平面点云与图像平面的距离值为目标函数,循环迭代计算出最优参数。目标函数为:

$$\arg\min_{\boldsymbol{R}_{cl},\boldsymbol{t}_{cl}}\sum_{i=1}^{N}\frac{1}{m_i}\sum_{j=1}^{m_i}\left(\boldsymbol{n}_{ci}^{\mathrm{T}}(\boldsymbol{R}_{cl}\boldsymbol{X}_{li}^{(j)}+\boldsymbol{t}_{cl})-\boldsymbol{\lambda}_{ci}\right)^2 \tag{3-15}$$

式中,m_i 为第 i 帧靶标平面点云的数量;j 为第 i 帧靶标平面点云的序号;$X_{li}^{(j)}$ 为第 i 帧靶标平面第 j 个点云的三维坐标矩阵,即

$$\boldsymbol{X}_{li}^{(j)}=[x_{li}^{(j)}\quad y_{li}^{(j)}\quad z_{li}^{(j)}]^{\mathrm{T}},(x_{li}^{(j)},\quad y_{li}^{(j)},\quad z_{li}^{(j)})$$

为第 i 帧靶标平面第 j 个点云的三维坐标。利用 Levenberg-Marquardt 非线性迭代算法对目标函数进行优化,目标函数取得最小值时的旋转矩阵和平移向量即为优化后结果,即最优旋转矩阵 $\boldsymbol{R}_{cl}$ 和平移向量 $\boldsymbol{t}_{cl}$。

3.2.3　标定结果与分析

1)摄像机标定实验

采用张正友标定法通过 Matlab 标定工具箱对摄像机进行标定,使用对称分布的 18mm×18mm 棋盘格作为靶标平面。首先从不同角度、不同位置对靶标进行拍摄 19 张照片,然后对这 19 张照片进行角点的提取。

利用张正友标定法对摄像机的内部参数进行标定,结构见式(3-16),其中 $\boldsymbol{M}_1$ 是摄像机的内参矩阵,单位是 mm。

$$\boldsymbol{M}_1=\begin{bmatrix}1309.6930 & 0 & 930.2221\\ 0 & 1310.5697 & 594.8065\\ 0 & 0 & 1\end{bmatrix} \tag{3-16}$$

图 3-9 显示的是摄像头坐标系下的外部参数视图,反映了摄像机与棋盘格之间的映射关系。

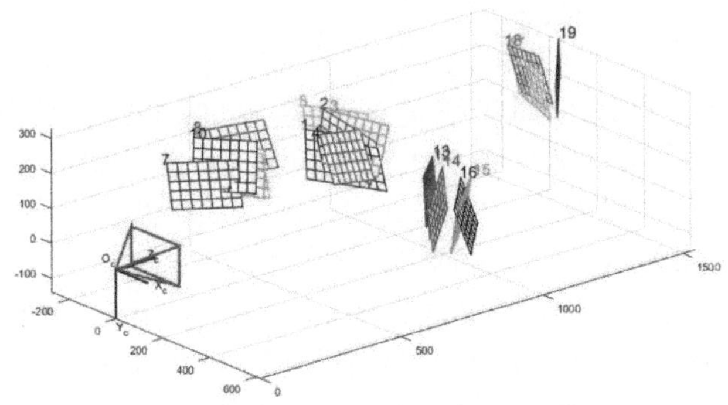

图 3-9　摄像机与靶标板的位置关系示意图

2)基于平面特征的传感器联合标定实验

为了验证基于平面特征的联合标定算法的有效性,本小节利用搭建的路侧端环境感知系统,对共 19 幅不同距离与倾斜角度的靶标平面进行图像、点云数据进行采集。部分靶标图像如图 3-10 所示。

a)

b)

图 3-10　靶标平面图

联合标定的结果如下(单位为 mm):

优化前的结果(即标定参数初值):

$$\boldsymbol{R}_0=\begin{bmatrix}0.1248 & -0.992 & -0.0203\\ -0.0995 & 0.0078 & -0.9950\\ 0.9872 & 0.1262 & -0.0978\end{bmatrix},\boldsymbol{t}_0=\begin{bmatrix}1.6937\\ -141.0029\\ -68.9548\end{bmatrix}$$

优化后的结果:

$$\boldsymbol{R}_{cl}=\begin{bmatrix}0.1247 & -0.9927 & -0.0204\\ -0.0993 & 0.0078 & -0.9950\\ 0.9814 & 0.1224 & -0.0974\end{bmatrix},\boldsymbol{t}_{cl}=\begin{bmatrix}1.6937\\ -141.003\\ -68.9549\end{bmatrix}$$

为了检验标定结果的准确性以及可行性,引入残差的定义,并用式(3-17)来定义:

$$Err=\frac{1}{n}\sum_{i=1}^{N}\frac{1}{m_i}\sum_{j=1}^{m_i}\left(\boldsymbol{n}_{ci}^{\mathrm{T}}(\boldsymbol{R}_{cl}x_{ij}^{(j)}+t_{cl})-\boldsymbol{\lambda}_{ci}\right)^2 \tag{3-17}$$

经过上式计算可以得到优化前的残差为 20.895mm,优化后的残差为 16.047mm。该计算结果表明了所设计的路侧端环境感知传感器的联合标定方法具有较高的精度,完全满足使用要求,具有可行性。同时,标定参数在非线性优化后,残差有一定程度的下降,表明结果非线性优化的必要性。

为了验证基于平面特征的联合标定算法实际效果,本小节根据联合标定参数,即旋转矩阵和平移向量,将靶标平面雷达点云投影到图像坐标系。雷达点云投影到图像坐标系的原理与线性针孔模型摄像机成像类似,均是两坐标系之间的位置坐标转化，所以依据式(3-6)，可以得到雷达坐标系到图像坐标系的投影公式：

$$\begin{bmatrix} u \\ v \\ 1 \end{bmatrix} = \begin{bmatrix} \alpha & 0 & u_0 & 0 \\ 0 & \beta & v_0 & 0 \\ 0 & 0 & 1 & 0 \end{bmatrix} \begin{bmatrix} \boldsymbol{R}_{cl} & \boldsymbol{t}_{cl} \\ 0^{\mathrm{T}} & 1 \end{bmatrix} \begin{bmatrix} x_l \\ y_l \\ z_l \\ 1 \end{bmatrix} = \boldsymbol{M}_1 \begin{bmatrix} \boldsymbol{R}_{cl} & \boldsymbol{t}_{cl} \\ 0^{\mathrm{T}} & 1 \end{bmatrix} \begin{bmatrix} x_l \\ y_l \\ z_l \\ 1 \end{bmatrix} \tag{3-18}$$

靶标点云投影到图像坐标系的部分结果如图3-11所示。为突出表示已投影点云的位置，将点云在图像中以红色像素点的形式表示。从图中可看出，靶标平面点云在投影操作之后，位置与图像中的靶标平面基本一致，证实了所设计的联合标定算法的可行性。

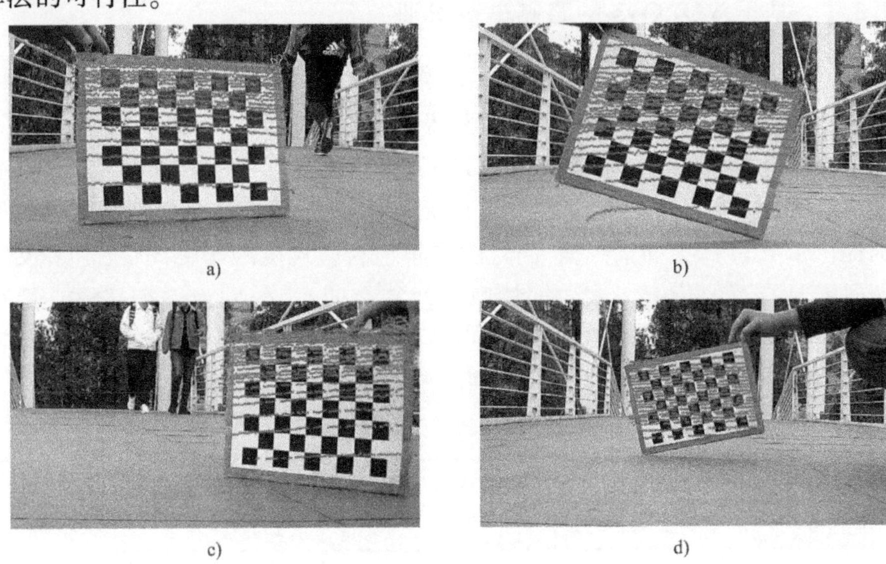

a) b) c) d)

图3-11 靶标平面点云投影图

3.3 基于视觉传感器的路侧端车辆识别方法

交通环境信息分析与场景理解是智能路侧设备所感知处理信息的主要功能。车辆是常见的交通参与目标，因此，车辆识别是智能路侧终端环境感知的重要任务。精确、可靠地识别路侧车辆需要依靠多种传感器与相应的识别算法。视觉传感器是一种广泛应用于目标识别的传感器，基于视觉传感器的车辆识别方法已经被国内外研究人员探索多年。

传统的车辆识别算法过于依赖人工设定的阈值,而且鲁棒性差,算法精度低,不适用于复杂的路侧交通场景。近年来,随着机器学习技术的发展,以卷积神经网络为代表的深度学习算法,可以提取并学习图像的高阶隐藏特征,因此,具有较强的图像表征能力和泛化能力,能够极大地提升目标识别算法的精度和效率。其中YOLOv3 网络模型兼顾了算法的实时性与精度,是目前最流行的网络模型之一。

本节设计了一种改进的车辆识别模型 YOLO-AF,并展示了该网络模型的设计依据和过程;接着通过实验,验证 YOLO-AF 网络模型的有效性;最后,阐明单纯依靠图像的车辆识别方法的局限性。

3.3.1 基于 YOLOv3 的路侧车辆识别

尽管 YOLOv3 在目标检测领域已经取得了很好的效果,但其仍存在检测精度较低,对目标定位不准确和漏检情况较多等问题。为验证 YOLOv3 网络在路侧交通场景下车辆识别的效果,本小节利用 LSVH 数据集在英伟达 Titan XP 平台上进行实验。LSVH 数据集是面向路侧视角下高速公路场景,该数据集为路侧视角下车辆识别提供了大量真实场景数据,而且图像集包含多尺度的车辆图像,对多尺度目标识别研究具有重要价值。该数据集原始标签有四类,分别为汽车、公交、货车和无关。针对路侧端车辆识别的需求,本小节仅保留前三类标签。经过训练和测试图片验证,YOLOv3 对各类别车辆的识别准确率见表 3-1。

YOLOv3 车辆识别测试结果 表 3-1

类别	汽车	公交	货车	均值
平均精度(%)	72.99	58.74	67.73	66.49

经过 LSVH 数据集测试,YOLOv3(keras 版本)网络平均每帧图像的处理时间是 37.63ms,而摄像机的帧率为 25 帧/s。因此,YOLOv3 网络得益于单步回归网络模型的设计思想,实时性较为突出。然而从表 3-1 可以看出,YOLOv3 网络的车辆识别精度偏低,远远达不到路侧环境感知系统对精度的要求。图 3-12 是 YOLOv3 检测的部分结果图。

从图 3-12 中可以看出, YOLOv3 网络对远处车辆的图像信息不够敏感,图 3-12a) 中最右侧的汽车与图 3-12b) 中远处的货车完全没有被识别出来,存在漏检现象;另外,YOLOv3 网络对各类别车辆的识别精度较低。然而在路侧环境中,特别是交通拥堵情况下,车辆的定位精度以及远处车辆的数量信息对于智能车路系统中的安全预警功能具有重要的参考价值。因此,若使用 YOLOv3 作为路侧端车辆识别算法的网络模型,需要对 YOLOv3 在多尺度车辆目标识别精度方面作出进一步的改进。

a)

b)

图 3-12　YOLOv3 车辆识别结果图

3.3.2　一种改进 YOLOv3 的路侧端车辆识别网络模型

由第 3.3.1 节实验部分可知,YOLOv3 网络的实时性较好,但是多尺度目标识别的准确率和精度偏低。为克服上述缺陷,使 YOLOv3 更精准地定位车辆并提升对远处车辆图像信息的敏感度,本小节将分析 YOLOv3 网络结构的不足并作出相应改进,研究并设计了一种改进的 YOLOv3 路侧端车辆识别网络——YOLO-AF(YOLOv3-Attention-FSAF)。

1)基于注意力机制的改进 YOLOv3 车辆识别模型

在 YOLOv3 特征提取网络中,随着卷积层数的增加,图像经过卷积、下采样等处理,大尺度物体高阶语义特征逐渐被提取出来,而小尺度目标特征越来越稀疏。在路侧交通场景图像中,远处车辆所占像素点较少,属于小尺度目标,其识别精度主要依赖于浅卷积层生成的高分辨率特征图。

如图 3-13 所示,YOLOv3 网络将深层低分辨特征图进行上采样处理,与浅层高分辨率特征图进行通道相加,从而实现多尺度特征融合。

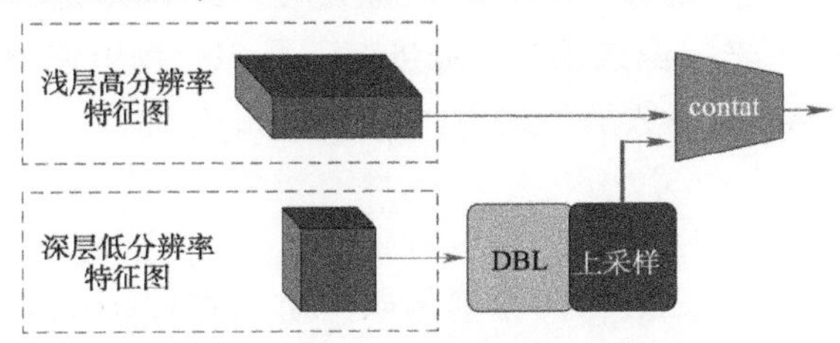

图 3-13　YOLOv3 多尺度特征融合示意图

该方法在一定程度上兼顾了两种不同尺度的语义特征,但只简单地以通道叠加的方式进行融合,没有考虑到深层、浅层特征图之间的关系。深层特征图包含较多的有效语义信息；在浅层高分辨率特征图中，目标图像特征与大量无效特征（比如道路周边场景等图像信息）并存，而无效特征的存在会严重影响目标识别的准确率。因此，如何利用深层特征图的有效信息，在多尺度融合过程中突出有效信息、抑制无效干扰噪声，成为提高多尺度车辆目标识别准确率的关键所在。注意力机制（Attention Mechanism）模仿生物选择性视觉注意力机制，核心是基于以往内部经验，从当前观察区域中选择性增加感兴趣目标的注意力。从具体应用方法上分为两类：硬注意力（Hard-Attention）和软注意力（Soft-Attention），从作用域角度上分为空间域（Spatial Domain）、通道域（Channel Domain）、混合域（Mixed Domain）和时间域（Time Domain）等。注意力机制已经广泛应用在深度学习领域，本质上是以对特征图赋权的形式突出有效信息。因此，为突出在多尺度特征融合环节的有效信息，本小节研究并设计了一种基于残差注意力机制的多尺度特征融合模块。

如图 3-14 所示，S_0 表示低分辨率语义特征图，T 表示高分辨率特征图，S 表示生成注意力特征图。

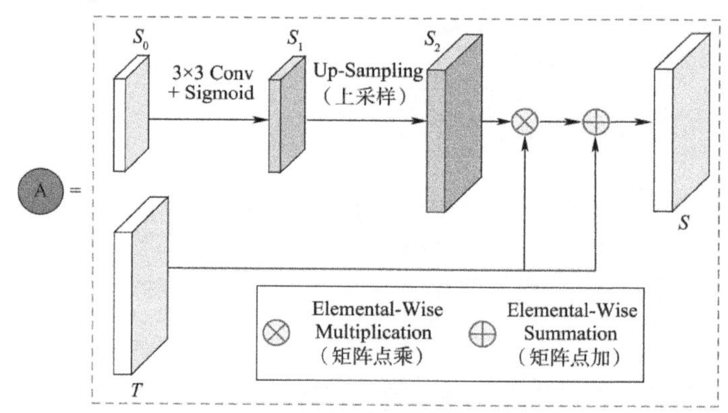

图 3-14　残差注意力机制结构图

首先对特征图 S_0 进行核为 3×3 的卷积处理，目的是调整特征图的通道数与特征图 T 一致，为接下来的像素级操作做准备。卷积处理过程中采用 Sigmoid 函数进行非线性激活，Sigmoid 函数解析式为：

$$f(z)=\frac{1}{1+e^{-z}} \tag{3-19}$$

由式（3-19）可知，Sigmoid 作为激活函数能够将特征图语义值映射在 0 ~ 1 区间内，因此，处理后的特征图 S_1 相当于图 S_0 对应的语义特征权重图。接着对语义权重图 S_1 进行上采样处理，得到与 T 空间大小相同的注意力图 S_2。然后注意力图 S_2 与图 T 像素级相乘，生成的特征图与图 T 进行像素级相加运算，得到注意力特

征图 S，表达式如下：

$$S(x,y,c) = (1 + S_2(x,y,c)) \cdot T(x,y,c) \tag{3-20}$$

式中，x、y、c 表示特征图上点的横、纵坐标以及通道。随着卷积层的加深，有效的高阶语义特征逐渐被提取出来，形成深层低分辨率特征图。注意力图 S_2 由语义权重图 S_1 上采样得来，因此，图 S_2 的语义权重值可以表示图 T 对应点的语义特征的有效性。在式(3-20)中，像素级相乘运算，使得深层低分辨率特征图的有效特征被突出，无效信息被抑制；像素级相加运算，一方面保留了特征图 T 的原始语义信息，另一方面借鉴了残差网络的短接结构，在一定程度上可以防止梯度消失。

残差注意力机制的本质是基于深层特征图的有效语义特征，对浅层特征图进行赋权，增强利于目标识别的有效信息，抑制噪声。YOLO-AF 网络基于注意力机制的多尺度融合模块如图 3-15 所示，在原型结构的基础上，基于深层特征图，采用注意力机制，增强浅层特征图的有益信息，然后与深层特征图进行通道级联，实现多尺度特征融合。

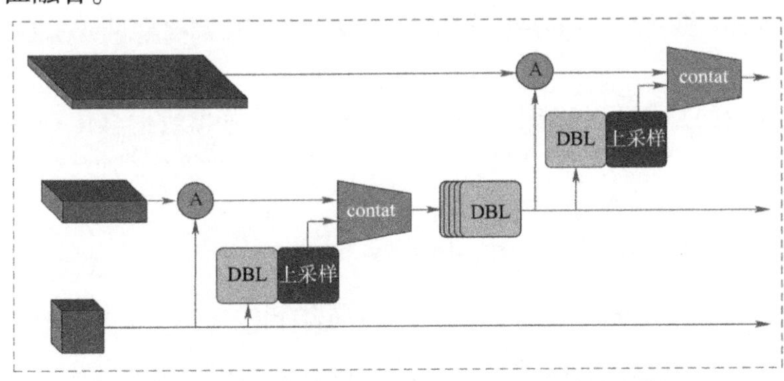

图 3-15　YOLO-AF 网络基于注意力机制的多尺度融合模块

2）无锚框机制

路侧交通场景较为复杂，交通流车辆由远及近分布，在图像中呈现多尺度化特征，给卷积神经网络识别车辆造成极大的困扰。因此，路侧多尺度车辆目标识别是一个极具挑战性的难题。在计算机视觉领域，解决此难题的方法大致可以分三类：构建图像金字塔（Image Pyramid）结构、锚框（Anchor-box）机制和构建特征金字塔（Feature Pyramid）。

针对多尺度目标识别的难题，YOLOv3 网络在 YOLO、YOLOv2 的基础上作出改进，融合了特征金字塔与锚框机制两种方法，提升了小尺度物体的识别精度。具体融合方法为：YOLOv3 网络选取三个尺寸不一的特征图构建特征金字塔，并为每个特征图预设三种尺寸的锚框。浅层特征图包含丰富的目标细节特征信息，预设小尺寸锚框利于小尺度目标特征的提取;深层特征图具有较多的高阶全图语义信息,预设大尺寸锚框有益于大尺寸物体的精准检测及定位。

然而,基于锚框机制的 YOLOv3 网络存在一定缺陷,具体表现为:①锚框尺寸需预先设定,由相应数据集聚类得到,难以适应于不同交通场景;②锚框机制是启发式选择特征,而不是根据目标语义信息选择特征层。网络训练过程中,每个目标真值根据 IoU 的大小匹配到最相近的锚框,而锚框与对应特征图相关联,因此,目标真值对应特征层的选择是启发式引导,而不是根据目标语义信息。此方法会导致目标匹配的特征层不是最优的,在一定程度上影响了多尺度目标识别效果。因此,如何改进锚框机制的不足,使得目标真值匹配到最佳特征层,成为提高多尺度车辆目标识别准确率的关键所在。

ZHU 等针对锚框机制的不足,提出了一种无锚框特征选择模块(Feature Selective Anchor-Free,FSAF)。无锚框特征选择 FSAF 模块是一种根据目标语义信息来匹配最优特征层的结构,本小节将首先介绍 FSAF 模块的基本原理,然后将 FSAF 模块引入到 YOLOv3 网络,设计出一种改进 YOLOv3 的路侧车辆识别网络 YOLO-AF。

(1)FSAF 原理。

FSAF 模块的总体设计思想为:在训练过程中,计算出目标真值在某一特征层上损失函数值,并以此为监督信号;根据此损失值的大小匹配到最优特征层,以实现根据目标语义信息匹配最优特征层。

FSAF 模块特征选择机制如图 3-16 所示。

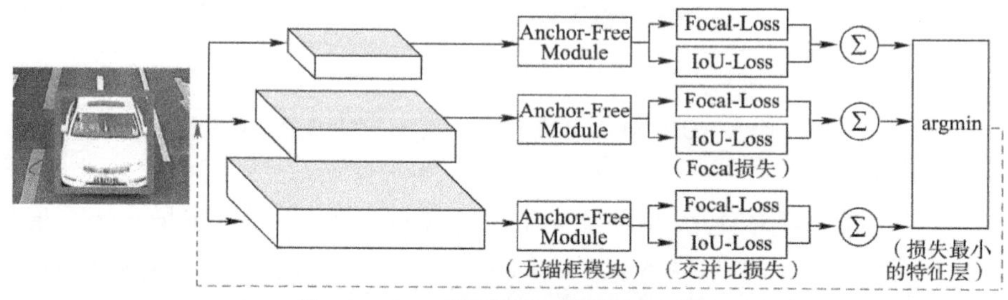

图 3-16　FSAF 模块特征选择机制示意图

首先,使车辆目标语义信息前向传播经过特征金字塔中所有的层;然后,计算出每个特征层所对应的损失值 l^*;接着,选取损失值 l^* 最小的特征层作为最优特征层。在训练过程中,目标特征依据损失值的大小会匹配到最优特征层。损失值 l^* 计算公式如下:

$$l^* = \underset{l}{\mathrm{argmin}}\left(L_{\mathrm{F}}^{I}(l) + L_{\mathrm{IoU}}^{I}(l)\right) \tag{3-21}$$

式中,设定某一真值目标为 I,该目标的焦点损失函数 Focal-loss 为 $L_{\mathrm{F}}^{I}(l)$、交并比损失函数 IoU-loss 为 $L_{\mathrm{IoU}}^{I}(l)$。

(2)监督信号。

在 FSAF 模块中,监督信号作为目标真值匹配特征层的依据,由两部分组成:类别输出(Class Output)损失函数、目标框输出(Box Output)损失函数。FSAF 模块监督信号如图 3-17 所示。

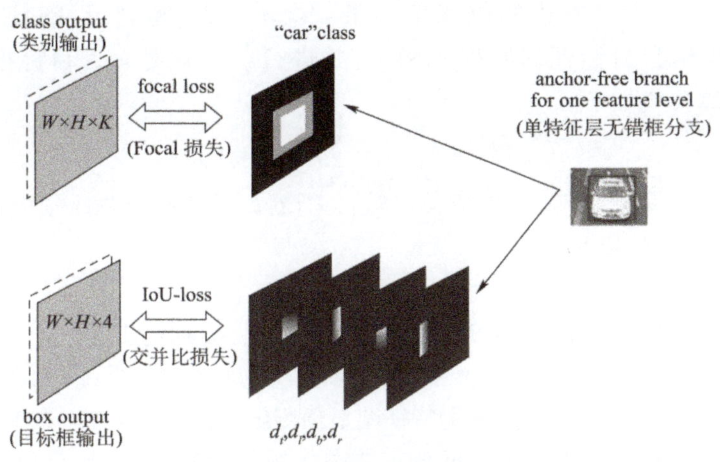

图 3-17 FSAF 模块监督信号示意图

如图 3-17 所示,类别输出是一个 $W \times H \times K$ 大小的特征图,W、H 是特征图的宽和高,K 是类别总数。在 FSAF 模块中,目标类别的影响因素包括有效区域、忽略区域以及无效区域三部分。其中,类别输出特征图的白色部分是有效区域,表示目标存在;灰色部分是忽略区域,表示该部分像素梯度值不会传播到网络中;周边黑色部分则像素值为 0,表示为负样本。关系表达式如下:

$$\begin{cases} b_{\mathrm{p}}^{l} = b/2^{l} \\ b_{\mathrm{e}}^{l} = \varepsilon_{\mathrm{e}} \times b_{\mathrm{p}}^{l}, \varepsilon_{\mathrm{e}} = 0.2 \\ b_{\mathrm{i}}^{l} = \varepsilon_{\mathrm{i}} \times b_{\mathrm{p}}^{l}, \varepsilon_{\mathrm{i}} = 0.5 \end{cases} \tag{3-22}$$

式中,l 为特征图的层级;目标矩形框位置信息为 $b = [x, y, w, h]$;b_{e}^{l}、b_{i}^{l} 分别为有效区域、忽略区域。鉴于 Focal-loss 函数能够降低大量简单负样本在训练中所占权重,FSAF 模块采用 Focal-loss 函数作为目标分类损失函数,并进行了归一化处理。目标 I 的分类损失函数 $L_{\mathrm{F}}^{I}(l)$ 计算公式如下:

$$L_{\mathrm{F}}^{I}(l) = \frac{1}{N(b_{\mathrm{e}}^{l})} \sum_{i,j \in b_{\mathrm{e}}^{l}} F(l, i, j) \tag{3-23}$$

式中,$N(b_e^l)$表示 b_e^l 区域的像素点数;$F(l,i,j)$表示焦点损失函数;i、j 分别表示像素点的横、纵坐标。

如图 3-17 所示,矩形框的输出是一个 $W \times H \times 4$ 大小的特征图,W、H 是特征图的宽和高,4 指的是归一化位置偏移量的数目,归一化常数为 4。在 FSAF 模块中,目标框输出的影响因素是四个位置偏移量,分别为有效区域像素点距离目标矩形框顶边、左边、底边和右边的位置偏移量 $d_{t_{i,j}}^l$、$d_{l_{i,j}}^l$、$d_{b_{i,j}}^l$ 和 $d_{r_{i,j}}^l$。FSAF 模块采用 IoU-loss 函数作为目标框回归损失函数,并进行归一化处理。目标框损失函数 $L_{\mathrm{IoU}}^I(l)$的计算公式如下:

$$L_{\mathrm{IoU}}^I(l) = \frac{1}{N(b_e^l)} \sum_{i,j \in b_e^l} \mathrm{IoU}(l,i,j) \tag{3-24}$$

式中,$N(b_e^l)$表示 b_e^l 区域的像素点数;$\mathrm{IoU}(l,i,j)$表示交并比损失函数;i、j 分别表示像素点的横、纵坐标。

(3)网络结构。

由 FSAF 模块的监督信号可知,对于某一特征层,类别输出是一个 $W \times H \times K$ 大小的特征图, 目标框的输出是一个 $W \times H \times 4$ 大小的特征图。因此,FSAF 模块引入到 YOLOv3 网络中,需要每个尺度的特征图上预测出 $W \times H \times (K+4)$维特征向量。

实验表明,FSAF 分支在与锚框分支共同作用的时候,网络具有更好的目标识别性能。因此,多尺度分支预测模块以 YOLOv3 原型结构为基础,在每个尺度预测结果增加无锚框分支结构。其中无锚框分支结构由卷积基本单元与核为 1×1、通道数为 $K+4$ 的卷积层组成。

YOLOv3 引入 FSAF 模块示意图如图 3-18 所示。

3.3.3 识别结果与分析

为了验证 YOLO-AF 网络的有效性,本节再次在 LSVH 数据集上进行了实验。YOLO-AF 对各个类型车辆的识别准确率如图 3-19 所示。

从图 3-19 中可以看出,YOLO-AF 网络模型相较原有的 YOLOv3 对各类别车辆的识别准确率都有了显著提升,表征 YOLO-AF 网络在多尺度车辆目标识别方面具有突出的优势。LSVH 数据集图像识别结果对比如图 3-20 所示。

从图 3-20 可以看出,YOLO – AF 网络相较于 YOLOv3 网络,对于大尺度、中等尺度的目标识别精度更高;对于远处小尺度车辆,YOLOv3 网络存在“漏检”与“误检”的现象,比如图像右上处的货车被误识别为客车,旁边的汽车未被识别,而 YOLO-AF 网络对小尺度目标则更为敏感。后续 3.5 节实验部分会更详细地测评 YOLO-AF 网络的车辆识别性能,本节不再进行相关实验验证。

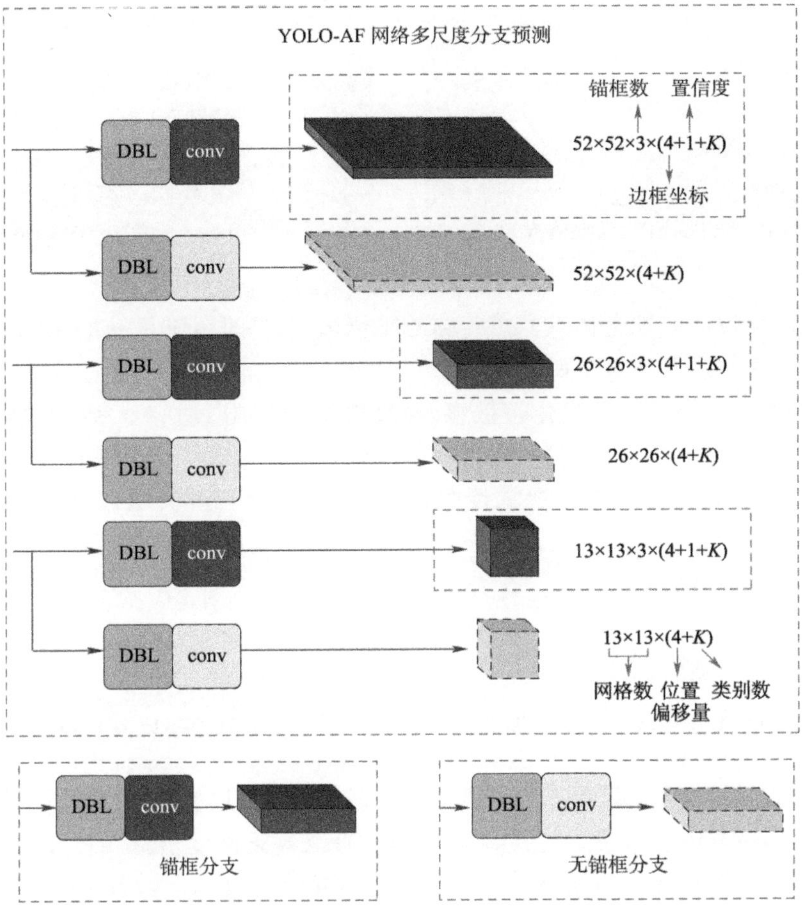

图 3-18 YOLOv3 引入 FSAF 模块示意图

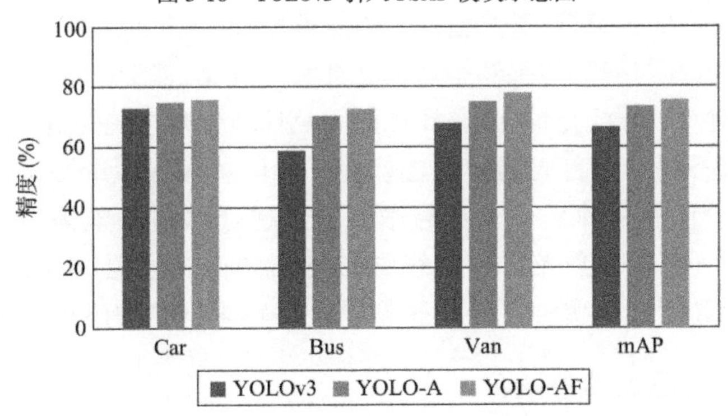

图 3-19 各网络在 LSVH 上的测试结果

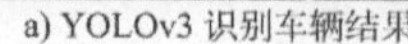
a) YOLOv3 识别车辆结果

b) YOLO-AF 识别车辆结果

图 3-20　各网络在 LSVH 上的车辆识别对比

然而,仅仅依赖视觉传感器进行路侧车辆识别,是难以满足智能路侧终端实际应用需求,主要表现在以下两方面:

①视觉传感器对光照变化较敏感,导致相关算法难以适应于多种光照条件。

②二维图像缺乏深度信息,难以准确获取的目标车辆的距离信息。

上述两方面不足都是由视觉传感器本身的不足引起的,难以依靠算法克服。因此,需从多传感器融合的角度出发,设计一种满足智能路侧终端环境感知系统需求的车辆识别算法。

3.4 基于视觉与激光雷达融合的路侧端车辆识别方法

基于视觉传感器的路侧车辆识别方法显著提高了多尺度车辆目标识别的准确率和精度。但视觉传感器易受光照影响,二维图像又缺乏深度信息,因此,单纯依靠视觉传感器无法保障智能路侧终端具有良好的环境适应能力。随着信息融合技术发展,基于多传感器数据融合的目标识别方法逐步成为国内外研究的热点。作为另一种常用于环境感知的传感器,激光雷达可以获取精准的三维空间信息,且不受光线影响,在数据特点方面与视觉传感器呈现出互补性。因此,基于视觉传感器与激光雷达信息融合是构建一个强泛化性、强鲁棒性的路侧环境感知系统的重要方式。

基于上述讨论,本节首先简单阐述多传感器信息融合理论知识,然后具体介绍本章所研究并设计的一种基于视觉与激光雷达融合的路侧车辆识别算法(CBYOLO-AF)。该算法实现了激光雷达和视觉传感器图像在数据级和特征级两方面的融合,有助于提高智能路侧终端环境感知系统车辆识别的准确率和可靠性。

3.4.1　多传感器信息融合

多传感器融合技术主要特点是基于多传感器信息特征,设计最优融合准则进行分析，获得更加准确的被测量目标一致性描述。基本目标是利用多传感器之间的协调与互补的优势来提高整个系统的有效性。在环境感知领域，贝叶斯估计方法、D-S 证据理论等传统多传感器融合方法仍然发挥重要作用。随着人工智能技术的快速发展，端到端的融合算法也成为不可或缺的方法。

1）贝叶斯估计方法

作为解决不确定性问题和多信息融合问题的有效方法之一，贝叶斯估计方法能够在数据不完全明确的情况下，对部分未知的状态先用主观概率进行估量，再用贝叶斯公式对先验概率进行修正，最后利用修正概率做出最优决策。基于贝叶斯估计方法的多传感器信息融合过程如图 3-21 所示。

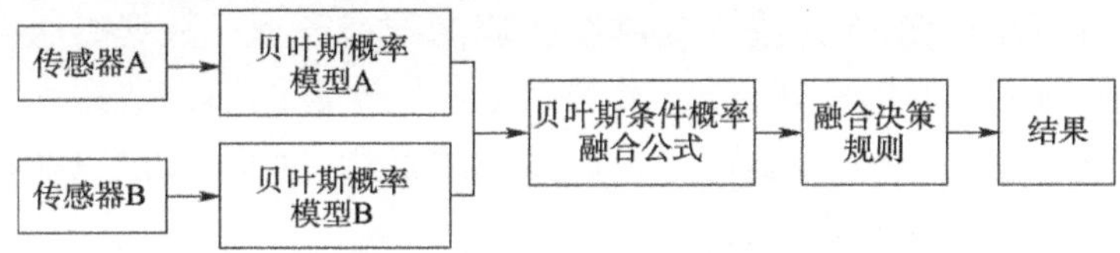

图 3-21　贝叶斯估计方法的多传感器数据融合示意图

如图 3-21 所示，贝叶斯估计方法应用在多传感器融合方面的原理为：先根据每种传感器的数据特点，建立不同的贝叶斯模型；然后将每种模型的关联概率进行联合，求得联合后函数的最小似然函数值，并得到该情况下多传感器数据的最终融合值。贝叶斯估计方法常常应用在静态环境中的数据融合。

2）D-S 证据理论

作为贝叶斯估计方法的扩展，D-S 证据理论可以通过建立置信函数获得精确概率来进行数据融合。基本 D-S 证据理论公式如下：

$$\sum_{A \in P(\theta)} m_1(A) = 1, m_1(\phi) = 0 \tag{3-25}$$

$$\sum_{B \in P(\theta)} m_2(B) = 1, m_2(\phi) = 0 \tag{3-26}$$

$$m_{1,2}(C) = \frac{\sum_{A \cap B = C \neq \phi} m_1(A) m_2(B)}{1 - K} \tag{3-27}$$

$$K_m = \sum_{A \cap B \neq \phi} m_1(A) m_2(B) \tag{3-28}$$

上述公式中，$m_1(A)$、$m_2(B)$ 分别为命题 A、命题 B 的概率分配函数；$m_2(C)$ 为命题 C 的概率分配函数；K_m 为表示两个命题之间的冲突程度。基于上述公式，可以总结出 D-S 证据理论在多传感器信息融合方面的大致过程：

（1）基于单类型传感器获得相应的环境特征描述：式（3-25）与式（3-26）分别

表示两种类型传感器的数据特征描述。

(2)基于预先设计的规则,如 Dempster 组合规则,对单类型传感器的特征描述进行总结,分析出传感器测量的结果。采用 D-S 证据理论可以获得比单类型传感器更加可靠的结果,但无法解决证据冲突严重和完全冲突、难以辨识模糊程度和存在基本概率分配函数对微小变化不鲁棒等缺陷。

3)深度学习融合

在深度学习领域,多传感器数据融合根据融合层级的不同,现阶段融合方式主要分为三类:数据级、特征级和决策级融合。

如图 3-22a)所示,数据级融合是将不同类型的传感器原始数据的维度进行叠加,然后将组合后的数据作为输入提供给相应的网络模型。数据级融合可以有效保留了传感器数据的原始特征,通过融合来自不同来源的原始数据在很早的阶段对数据进行分类,但是原始数据也包含许多无用信息,因此,仅仅只在数据级进行融合是无法充分利用数据的特征。

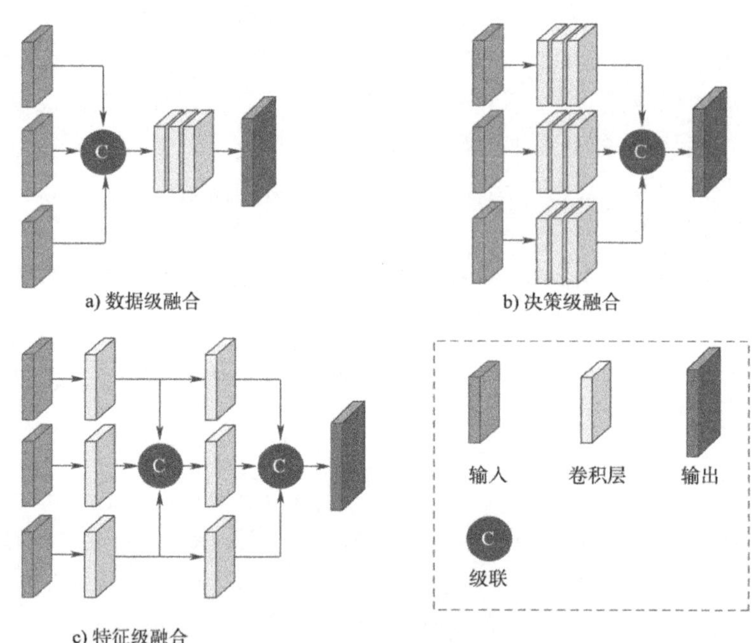

图 3-22　多传感器数据融合示意图

如图 3-22b)所示,决策级融合是由多个单独的卷积神经网络处理不同传感器的数据,得到初步结果,然后对初步结果进行综合分析,得到最终结果。该融合方式仅仅在决策端进行融合,但在神经网络提取数据特征的过程中易丢失重要信息,导致数据特征融合不充分。

如图 3-22c)所示,特征级融合是将不同传感器的数据分别由神经网络模型提取特征,然后对不同的特征进行级联或者加权。相对于数据级融合,特征级融合的主要优势在于深度提取了传感器数据特征,并且特征在提取之后将直接影响决策,提高实时性的同时也利于决策分析。

3.4.2 一种基于视觉与激光雷达融合的路侧车辆识别模型

3.3 节针对多尺度车辆目标识别精度低的问题,对 YOLOv3 网络的多尺度特征融合结构、多尺度分支预测部分作出改进,即引入残差注意力模块与无锚框特征选择模块,设计了一种基于视觉传感器的路侧端车辆识别模型 YOLO-AF,显著提升了多尺度车辆目标识别的准确率与精准度。但是视觉传感器易受光线干扰,单纯依靠视觉传感器难以保证系统具有良好的抗干扰能力,因此,需要采用多传感器信息融合方法来解决此难题。

深度卷积神经网络的主干网络(Backbone Network)是图像高阶特征提取的重要部分,因此,网络的目标识别性能很大程度上取决于主干网络。YOLO-AF 主干网络是目标识别性能良好的 DarkNet-53,但是仅以图像 RGB 三通道颜色信息作为输入,缺乏空间信息,并且易受光照变化影响,难以保障智能路侧终端具有较强的环境适应性。从多传感器信息融合角度考虑,一方面,雷达点云的高精度信息不受光照影响,图像具有丰富的颜色信息利于目标分类,因此,两者可以作为网络模型的输入,即数据级融合;另一方面,雷达点云与图像信息的高阶特征融合,即特征级融合,能够充分发挥两者数据特点的互补性,有助于进一步提高路侧车辆识别的精度。基于上述讨论,研究并设计了一种基于视觉与激光雷达融合的路侧车辆识别模型(Composite Backbone YOLO-Attention-FSAF, CBYOLO-AF),将从网络结构、结构特点两方面进行介绍。

1)CBYOLO-AF 网络结构

在深度学习领域,数据级融合能够保留原始的传感器数据特征,特征级融合可以深度提取数据的高级特征。依据融合层级的不同,特征级融合主要分为三类:同层级融合、相邻低层级融合与相邻高层级融合,如图 3-23 所示。

北京大学 Liu 等基于多个相同的 ResNeXt152 网络,以子网络(Assistant Backbones)向主网络提供数据特征信息为核心思想,设计了一种目标检测的特征融合网络(Composite Backbone Network, CBNet),并实验验证了相邻高层级融合方法的优越性。该算法在 COCO 数据集上的测试结果达到了 53.3 的平均精度均值,排名靠前。在 YOLO-AF 网络的基础上,借鉴 CBNet 特征融合思想,将雷达点云数据融入网络中,设计了一种基于视觉与激光雷达融合的路侧车辆识别网络 CBYOLO-AF,网络结构如图 3-24 所示。

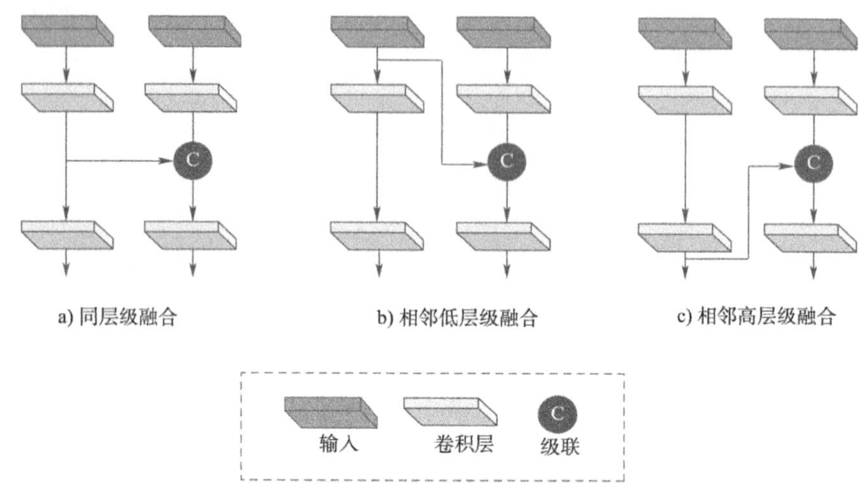

图 3-23　特征级融合方式示意图

CBYOLO-AF 网路主要是在特征提取结构作出改进,其他结构均与 YOLO-AF 网络相同。如图 3-24 所示,CBYOLO-AF 的特征提取网络由子网络、主网络共同组成。其中,子网络的输入 InputL 是由雷达点云的深度、高度数据与图像色调信息组成的三通道数据;主网络的输入 InputC 是图像 RGB 信息。考虑到算法实时性,子网络共三次向主网络提供相邻高层级数据特征,相邻高层级数据特征有助于提高主网络的数据表征能力。子网络、主网络均借鉴了 DarkNet-53 网络,其中子网络去除了 DarkNet-53 主干网络的最后三个残差模块,主网络在数据特征融合位置增加了通道级联与卷积层。

2）CBYOLO-AF 网络特点

(1)数据级融合。

在复杂的路侧交通场景中,环境光照的多变性是影响车辆识别的重要因素之一。视觉传感器对光照过于敏感,单纯依靠图像信息难以适应多变的路侧环境,因此,需要引入激光雷达数据。在无人驾驶环境感知领域,数据级融合一般是将雷达点云数据投影到图像坐标系,并以插值的方式解决雷达点云不连续的问题,形成深度图、反射率图等。该方法能够将点云数据的深度、反射率等特征信息与图像像素点一一对应。与无人驾驶环境不同,路侧交通场景的特点突出地表现在以下三点。

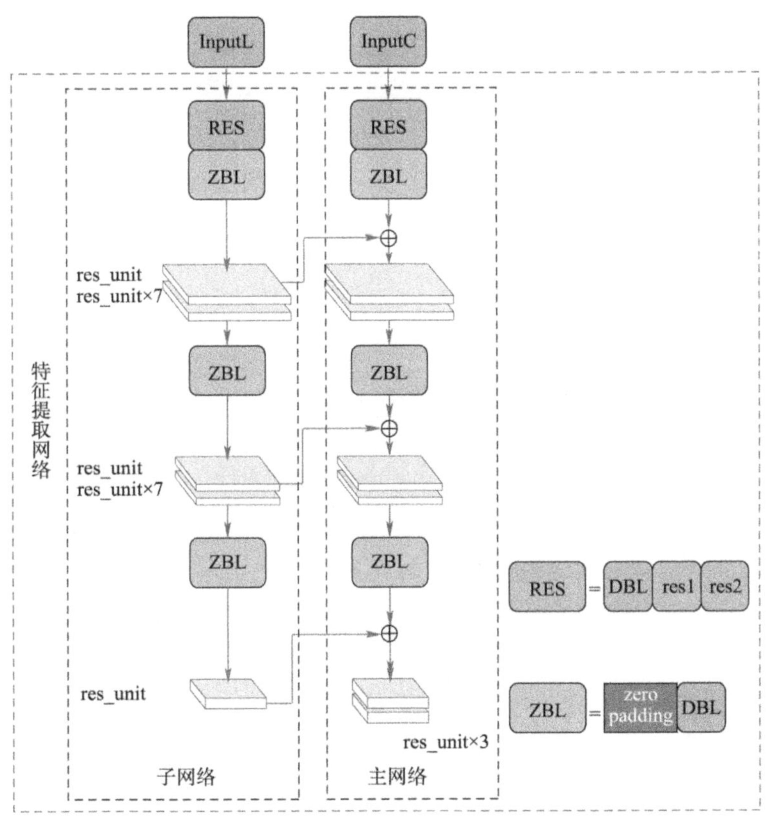

图 3-24 CBYOLO-AF 网络的特征提取网络示意图

①路侧环境感知系统一般安装在龙门架或路侧高处，相较于车载传感器，所处位置较高。因此除了常用的深度信息，点云的高度信息对于车辆识别同样具有重要的意义。

②无人驾驶环境的背景是动态的，道路坡度也是不断变化的。对于特定路侧交通场景，其背景环境的变化是微小的。因此，先验信息（比如道路区域）的合理利用，可以滤出无效噪声干扰，提高车辆识别的精准度。

③对于无人驾驶场景，投影到图像坐标系的雷达点云覆盖了大部分道路及车前障碍物（车辆、行人等），如图 3-25a）所示。而在路侧环境感知系统中，激光雷达一般安放在较高位置（如龙门架），由于与摄像机之间的视角存在差异，实际路面探测距离远不能与图像匹配。如图 3-25b）所示，激光雷达只能感知到近处车辆，而探测不到较远处车辆，但是远处车辆的位置及数量信息对于交通状况的感知具有至关重要的意义。

a) 车载端激光雷达数据投影图

b) 路侧端激光雷达数据投影图

图 3-25　激光雷达数据投影图

针对上述特点，本小节对雷达点云数据作出如下处理：

①雷达与视觉空间同步：根据式(3-18)，将雷达点云投影到图像坐标系，得到图像坐标系下各雷达像素点的坐标。

②稀疏点云图的生成：由上述路侧交通场景特点 1 可知，雷达点云的深度、高度信息对车辆目标的辨识具有重要作用，因此，本小节将提取点云的深度、高度信息来生成点云图。假设地面高度为 0，稀疏高度图像素点的值为：

$$\mathrm{Val}h(x,y)=\begin{cases}0 & h_l(x,y)\geqslant h_{\max}\\ \mathrm{round}\left(255\times\dfrac{h_l(x,y)}{h_{\max}}\right) & 0<h_l(x,y)<h_{\max}\\ 0 & h_l(x,y)\leqslant 0\end{cases}\tag{3-29}$$

式中，$\mathrm{Val}h(x,y)$是坐标为(x,y)的像素点的值；$h_l(x,y)$为对应雷达点的高度值；round( )为取整操作；$h_{\max}$是车辆最大高度阈值，将高度大于该阈值的点置零，可以减少噪声干扰。稀疏深度图像素点值的计算公式为：

$$\mathrm{Val}w(x,y)=\begin{cases}0 & h_l(x,y)\leqslant 0 \text{ 或 } w_l(x,y)\geqslant w_{\max}\\ \mathrm{round}\left(255\times\dfrac{w_{\max}-w_l(x,y)}{w_{\max}}\right) & 0<h_l(x,y)<h_{\max} \text{ 和 } 0<w_l(x,y)<w_{\max}\\ 0 & h_l(x,y)\geqslant h_{\max}\end{cases}\tag{3-30}$$

式中，$\mathrm{Val}w(x,y)$是坐标为(x,y)的像素点的值；$w_l(x,y)$为对应雷达点的深度值；round( )为取整操作；$w_{\max}$是车辆最大深度阈值。其中，以点云的高度值作为深度图生成的部分条件，基于先验知识过滤掉了道路以及部分无关区域无效点云的干扰，在数据级层面上增强车辆目标识别的准确度。

③插值操作：使用德劳内三角剖分(Delaunay Triangulation，DT)算法对稀疏深度、高度图进行数据填充，生成致密的深度图与高度图。

由上述路侧交通场景特点 3 可知,路侧激光雷达数据探测不到远处车辆。若将激光雷达投影数据单独输入到卷积神经网络中,则神经网络无法感知远处车辆的特征信息。视觉传感器能够感知远处车辆,因此,点云数据需要融合图像信息。彩色图像一般在 RGB 颜色空间中表示,但 R、G、B 颜色分量易受光照影响。此外,颜色空间作为像素颜色的一种描述方式,有很多类别,包括 CMYK、HSV 和 HSL 等。其中,CMYK 颜色空间常用于工业印刷;HSV、HSL 颜色空间更接近人眼的主观感受,使用色调、饱和度和亮度来描述色彩,并将亮度与彩色信息分离,从而亮度的变化不影响颜色表示,更利于图像处理。因此,本小节将图像从 RGB 空间转化到 HSL 空间,并提取色调分量信息,与激光雷达数据进行融合,作为子网络的输入。色调分量计算公式为:

$$h=\begin{cases}0 & \max=\min \\ 60\times\dfrac{g-b}{\max-\min} & \max=r\text{ 和 }g\geqslant b \\ 60\times\dfrac{g-b}{\max-\min}+360 & \max=r\text{ 和 }g<b \\ 60\times\dfrac{b-r}{\max-\min}+120 & \max=g \\ 60\times\dfrac{r-g}{\max-\min}+240 & \max=b\end{cases} \tag{3-31}$$

式中,h 表示图像的色调信息;r、g、b 分别表示红、绿、蓝三种颜色分量;max、min 分别表示红、绿、蓝三种颜色分量的最大、最小值。

为形象地展示雷达深度图、高度图与图像色调信息融合的效果,图 3-26 将融合信息以 RGB 三通道图像的形式进行表示。图 3-26a)为视觉传感器采集的原始图像,图 3-26b)为通道融合后的效果图。

a) 原始图像

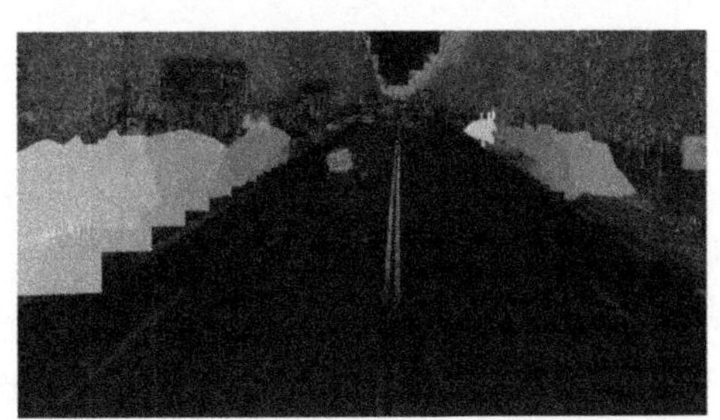

b) 数据级融合图像

图 3-26 场景一雷达数据与色调信息融合图

从图 3-26 中可以看出，基于高度等先验知识能够滤除道路区域、周边环境等点云数据，车辆目标点云准确地投影到相应位置。此外，色调图的引入，有助于很好地保留车辆目标的整体结构。融合图的像素点位置与原始像素点位置是相对应的，因此，可以直接输入到神经网络中进行训练学习。

(2)特征级融合。

如图 3-27 所示，点云的深度、高度信息与色调数据融合形成三通道图像。从图中可知，色调信息的引入起到以下作用：①维持了目标图像原有的结构：以往的数据级融合方法通常会对雷达图进行插值，提高雷达图分辨率的同时，也带来严重的问题——由于雷达数据的不连续性难以通过插值精准地描述目标边缘，而色调信息的引入可以解决边缘模糊化的问题；②色调信息保留了雷达扫描不到的远处车辆信息，在一定程度上利于小尺度车辆目标识别；③色调信息对光照变化具有一定的抗干扰能力。

a) 原始图像

b) 数据级融合图像

图 3-27　场景二雷达数据与色调信息融合图

但是，仅仅依靠雷达数据的深度、高度信息与色调图像还不充分。32 线激光雷达安装位置的高度，使得雷达必须倾斜一定角度，才能捕获到更多的路侧车辆数据。这使得激光雷达对会采集更多中等尺度目标的信息，而近处车辆信息较稀疏。而视觉传感器对近处目标，采集的信息可靠性越高，因此，需要雷达数据与原始的 RGB 图像信息进行高级特征融合。

与传统的卷积神经网络不同，在 CBYOLO-AF 网络体系中，多次将子网络的输出作为主网络的输入，以子网络的雷达数据高阶特征来增强主网络的图像数据特征。子网络、主网络均借鉴了 DarkNet-53 网络，DarkNet-53 网络以残差模块串联的形式深度提取数据特征，具有较好的数据表征能力，而且残差模块的引入能够有效预防梯度消失。因此，借鉴 CBNet 的特征融合思想，将子网络的残差模块输出与主网络的残差模块输入进行三次相邻高层级融合，融合后进行相应的卷积操作以调整融合后特征图的通道数。设定在高阶特征融合后，主网络第 l 个残差模块的特征输出是 x_B^l，则表达式为：

$$x_B^l = F(x_B^{l-1} + f(x_b^l)) \qquad l = 4,12,20 \tag{3-32}$$

式中，x_B^{l-1} 为主网络第 l 个残差模块之前的特征输入；x_b^l 为子网络的第 l 个残差模块的特征输出；$F()$、$f()$ 表示主、子网络残差模块函数。子网络与主网络相邻高层级融合的具体步骤如下。

第 1 步：以DarkNet-53 主体网络为基础，去除最后三个残差模块，作为 CBYOLO – AF 特征提取部分子网络。其中，子网络的输入是深度、高度与色调信息融合的三通道图像。

第 2 步：将 DarkNet-53 主体网络作为 CBYOLO-AF 特征提取部分主网络的整体架构，主网络的输入是 RGB 图像。

第 3 步：子网络的第 4 个残差模块输出，与主网络第 4 个残差模块输入进行通道级联，融合后的特征图进行核为 3 ×3、通道数为 256 的卷积处理，然后将卷积后的特征图输入到主网络第 4 个残差模块。

第 4 步：子网络的第 12 个残差模块输出，与主网络第 12 个残差模块输入进行通道级联，融合后的特征图进行核为 3 ×3、通道数为 512 的卷积处理，然后将卷积后的特征图输入到主网络第 12 个残差模块。

第 5 步：子网络的第 20 个残差模块输出，与主网络第 20 个残差模块输入进行通道级联，融合后的特征图进行核为 3 ×3、通道数为 1024 的卷积处理，然后将卷积后的特征图输入到主网络第 20 个残差模块。

YOLOv3 特征提取网络包含 5 个残差模块组合，其中第 3、4 和 5 个残差模块组合的输出特征图构建特征金字塔，进行多尺度特征融合；CBYOLO-AF 选取子网络的第 4、12、20 个残差模块的输出与主网络进行高阶特征融合，一方面，第 4、12、20 个残差模块作为第 3、4 和 5 个残差模块组合的第一个残差模块，其输出分别包含了表征雷达点云与色调信息的浅层语义、中层语义以及深层语义特征，与主网络进行相邻高层级融合，则融合层级更全面，数据表征能力更强；另一方面，子网络与主网络进行高阶特征融合，作为主网络第 3、4 和 5 个残差模块组合的输入，特征金字塔内的特征图包含了高阶特征融合后的视觉、雷达信息特征，则更加充分利用了视觉与雷达数据的互补性。

CBYOLO-AF 网络采用相邻高层级融合的方式，将子网络的残差模块输出与主网络残差模块输入进行融合，为主网络提供高阶数据特征，增强数据表征能力，充分发挥雷达数据与图像数据的互补性，增强网络对环境抗干扰能力。

3.5 验证与分析

为了验证所提基于视觉与激光雷达融合的路侧车辆识别方法的有效性，本节根据实际条件进行了实验验证。

3.5.1 设备与评价指标

计算机平台配备了三块英伟达 GTX TITAN XP 显卡以及英特尔至强 E3 系列 CPU。

目前目标检测领域主要的评价指标包括：交并比（Intersection over Union，IoU）、平均精度（Average Precision，AP）、平均精度均值（mean Average Precision，mAP）、召回率（Recall）以及平均处理时间。其中，平均精度、召回率涉及的相关定义为：TP（True Positives），正样本中被正确识别的数目；TN（True Negatives），负样本中被正确识别的数目；FP（False Positive），负样本被误识别为正样本的个数；FN（False Negatives），正样本被误识别为负样本的个数。

针对智能路侧终端实际应用需求，本节选取平均精度、召回率以及平均处理时间作为性能评价指标：

（1）平均精度均值。平均精度 AP 衡量了一个模型的分类能力，指的是在所有的测试数据集中，被正确识别的正样本占所有被识别为正样本的目标的比例。计算公式为：

$$\mathrm{AP} = \frac{\mathrm{TP}}{\mathrm{TP} + \mathrm{FP}} \tag{3-33}$$

mAP 是所有目标类别平均识别精度的均值，数值越大，则该模型的检测精度越高。

（2）召回率（Recall）。召回率指的是所有正样本被正确识别的比例，是衡量一个网络模型识别车辆的准确度。计算公式为：

$$\mathrm{Recall} = \frac{\mathrm{TP}}{\mathrm{TP} + \mathrm{FN}} \tag{3-34}$$

（3）平均处理时间。网络模型在实验平台上在一帧数据中识别车辆所需的平均时间。实时性是智能路侧终端环境感知系统的重要指标，因此，所设计的路侧车辆识别方法需要兼顾准确率与实时性。

3.5.2　基于视觉传感器的路侧车辆识别实验

YOLO-AF 网络的训练过程分为两个阶段：①冻结特征提取网络层，只训练其他卷积层，以获得一个稳定的车辆识别模块。Batch Size 大小设置为 32，初始学习率设置为 0.001；②训练所有层，Batch Size 大小设置为 12，初始学习率设置为 0.0001。训练过程中，采用阶梯状学习率的训练方法，即随着训练轮数的增加线性地降低学习率。

1）数据集介绍

目前，在智能交通领域的公开数据集主要有 KITTI、LSVH 和 UA-DETRAC 等。其中，KITTI 数据集主要是车载驾驶场景，LSVH 和 UA-DETRAC 数据集是路侧视角交通监控场景，更符合的研究需求。为验证所设计的基于视觉传感器的路侧车辆识别网络 YOLO-AF 的有效性，本小节采用 LSVH 和 UA – DETRAC 两大数据集进行实验验证。

LSVH 数据集面向路侧视角下高速公路场景，包含 14388 张已经标注好的图像，涵盖了多种道路场景、交通状况以及不同的采集时间，为路侧视角下车辆识别提供了大量真实场景的数据。如图 3-28 所示，该数据集最突出的优势在于车辆目标图像多尺度化特征较为明显，远近车辆尺度相差较大，对研究多尺度车辆识别具有重要价值。该数据集的原始标签有四类，为应对路侧端车辆识别的需求，本小节在实验时仅保留了汽车、公交和货车三类标签。本小节采用了文献 *SINet：A Scale-insensitive Convolutional Neural Network for Fast Vehicle Detection* 提供的训练集、测试集，训练集、测试集分别包含 10078、4310 张图片。

a）拥挤路况

b）稀疏路况

图 3-28　LSVH 数据集图片示例

UA-DETRAC 数据集经常作为 KITTI 数据集的补充，被广泛应用在车辆识别领域。UA – DETRAC 数据训练集由 60 个视频序列组成，共 82082 张分辨率为 960 × 540 的真实交通监控图像，拍摄于北京市与天津市的 24 个不同地点。如图 3-29

所示，该数据集最突出的优势在于路侧拍摄的视角不同，增加了车辆数据的多样化。由于 UA-DETRAC 数据集较为庞大，且相邻帧图像相似度高，所以本小节以每三幅图片选一幅的方式提取了共 27336 张图片，并以 6:2:2 的比例分为训练集、验证集和测试集，识别汽车、公交和货车和其他四类目标车辆。

a) 路侧视角　　b) 龙门架视角

图 3-29　UA-DETRAC 数据集图片示例

2) 实验结果及分析

为了验证对 YOLOv3 网络的两方面改进的有效性，本小节在 LSVH、UA-DETRAC 数据集上分别训练 YOLOv3、YOLO-A（YOLOv3-Attention）和 YOLO-AF 网络。本小节将从精度分析、方法对比以及召回率分析三方面进行验证。

（1）精度分析。

精度测试结果见表 3-2。

各网络路侧车辆识别精度　　表 3-2

数据集	LSVH				UA-DETRAC				
网络模型	mAP（%）	AP（%）			mAP（%）	AP（%）			
		汽车	公交	货车		汽车	公交	货车	其他
YOLOv3	66.49	72.99	58.74	67.73	88.09	90.46	88.73	86.72	86.43
YOLO - A	73.44	74.87	70.39	75.06	91.94	95.31	95.59	90.84	86.03
YOLO - AF	75.48	75.79	72.73	77.91	93.77	95.65	98.12	92.87	88.44

从表 3-2 可以看出，所设计的 YOLO-AF 网络相对于 YOLOv3 网络，对多尺度车辆目标的识别精度有显著提升：在 LSVH、UA-DETRAC 数据集上提升的平均精度均值分别为 8.99%、5.68%。更重要的是，YOLO-A、YOLO-AF 网络有着递增的精度提升，该结果充分验证了网络设计的有效性，且佐证了前面所阐述的设计原理。为了更形象地表现不同网络模型车辆识别精度的差异，本小节采用 P-R（Precision-Recall）曲线图分析，如图 3-30 所示。

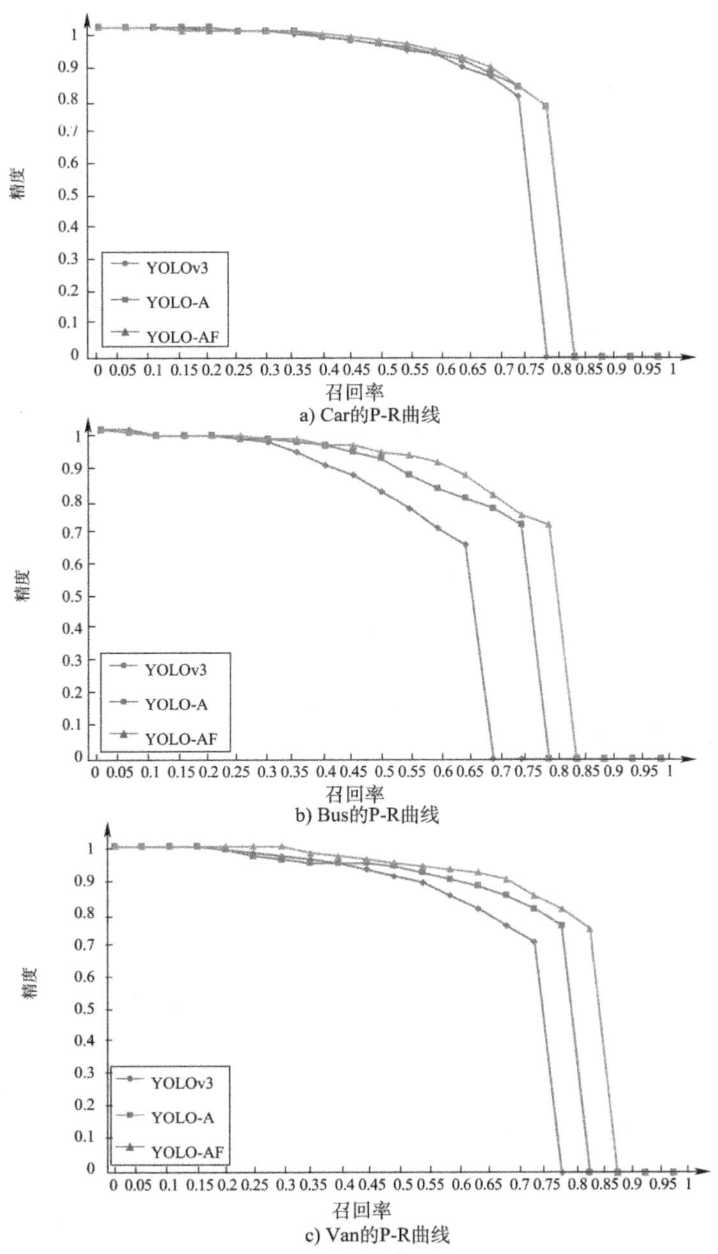

图 3-30　LSVH 数据集测试结果 P-R 图

从图 3-30 可以看出，YOLOv3 对于 LSVH 数据集中复杂场景下的车辆，具有一定的识别能力，这得益于具有良好检测性能的特征提取网络——DarkNet53 主体结构，但是精度远远不能满足智能路侧终端信息感知的要求。比较图 3-30a）与图 3-30b）、图 3-30c）可以得知，YOLO-A 网络对公交、货车的精度提升，相较于 Car 类别更加明显。这是因为残差注意力模块的引入，显著地突出了深层特征图高阶语义特征，而深层特征图中包含更多的是公交、货车等大尺度物体特征。YOLO-AF 网络由于 FSAF 模块地引入，根据目标语义特征去匹配特征层，对各类别车辆的识别精度提升幅度近似。

PascalVOC 与 COCO 是目标检测领域两大数据集，两者精度测评指标有所不同：VOC 数据集测试指标 mAP，所对应的条件是模型预测区域与目标真值的 IoU 大于 0.5；COCO 数据集的精度测量指标则更为全面，将 IoU 阈值在 0.5～0.95 区间内以 0.05 为间隔进行取值。本小节选取了 IoU 阈值为 0.5、0.6 和 0.7 三种精度测量指标，即 mAP_{50}、mAP_{60} 和 mAP_{70}。如图 3-31 所示，IoU 阈值越大，车辆识别精度越低，但 YOLO-AF 在多个精度指标结果，均优于 YOLOv3、YOLO-A 网络。

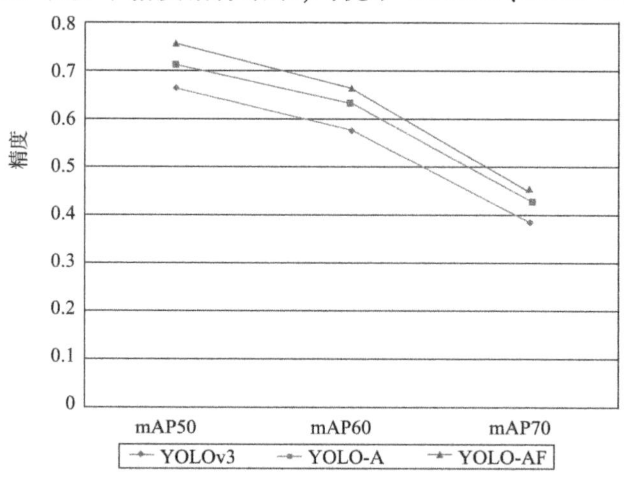

图 3-31　LSVH 数据集精度测试结果

（2）方法对比。

为了进一步验证所设计的 YOLO-AF 网络的有效性，本节在 UA-DETRAC 数据集上将所设计的 YOLO-AF 网络与 ZHANG 等所提方法以及其他一些目标识别方法进行比较。ZHANG 等在文章 *Vehicle detection in urban traffic surveillance images based on convolutional neural networks with feature concatenation* 中提出了如图 3-32 所示的基于视觉传感器的车辆识别框架（下文中的方法 1）。该方法针对小尺度目标检测，基于 VGG-16 为网络模型，构建特征金字塔，并对不同尺度特征图分别进行反卷积、池化操作来实现车辆目标的定位和分类。该方法将车辆识别分为定位、分类两部分，只是简单从 VGG-16 网络提取不同尺度特征图来完成多尺度目标识别，并没有充分利用不同尺度特征图之间的联系。

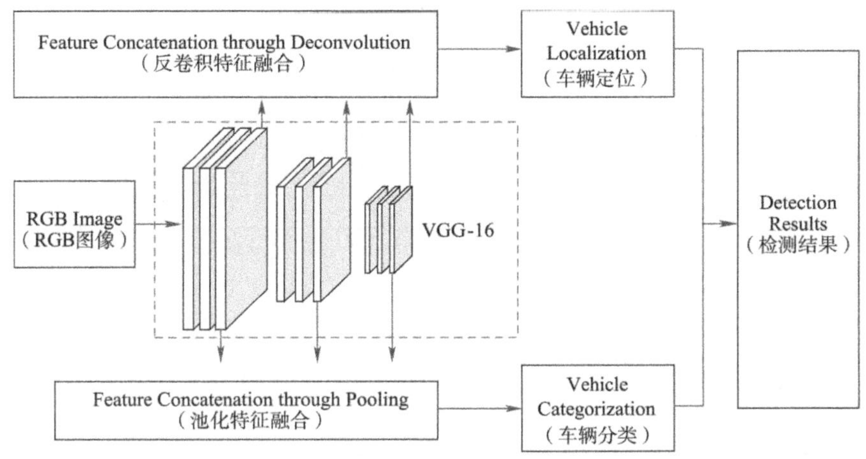

图 3-32　方法 1 框架

ZHANG 等在文章 *CMNet：A connect-and-merge convolutional neural network for fast vehicle detection in urban traffic surveillance* 中提出了如图 3-33 所示的基于视觉传感器的车辆识别网络 CMNet（下文中的方法 2），该网络也是以 YOLOv3 为基础模型，对主体结构的残差模块进行了类似于 Inception 结构的并行处理，并增加了一个多尺度特征输出分支。但该方法没有对 YOLOv3 网络缺陷作出针对性相应改进，而且没有改善锚框机制的不足。

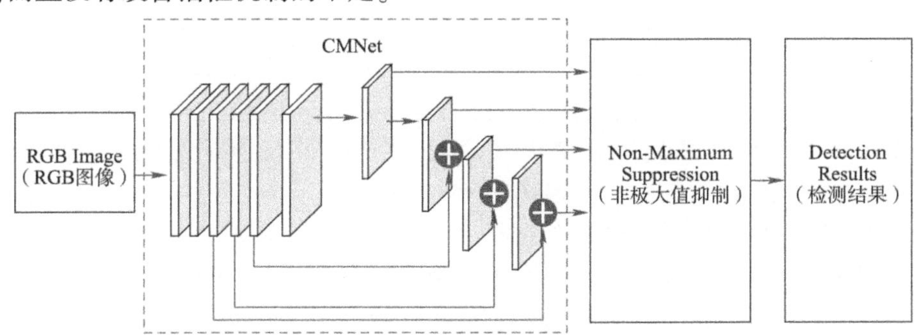

图 3-33　方法 2 框架

表 3-3 罗列了不同的基于视觉传感器的路侧车辆识别方法在 UA-DETRAC 数据集上的表现。从表 3-3 可以看出，所设计的 YOLO-A、YOLO-AF 网络相对于

Faster R-CNN 等传统网络,在实时性与精度两方面都具有优势;相对于 SSD、RefineDet 等高速目标识别网络,在精度上具有明显的优势;相对于方法 1 的网络,不仅精度较高,而且实时性相差无几;相对于方法 2 所设计的网络,虽然识别速度稍慢,但是精度上存在一定的优势。总体来说,的网络模型能够兼顾精度和效率,能够满足智能路侧终端对实时性与识别精准度的要求。

各模型在 UA-DETRAC 数据集上的表现 表 3-3

网络模型	平均处理时间(s)	mAP(%)
Faster R-CNN	0.089	72.67
SSD	0.036	76.83
RefineDet	0.021	76.97
方法 1	0.043	77.94
方法 2	0.021	91.71
YOLO-A	0.053	91.94
YOLO-AF	0.074	93.77

(3)召回率分析。

为了验证所设计的 YOLO-AF 网络识别车辆的准确度,本小节对网络在 LSVH、UA-DETRAC 数据集上的车辆召回率进行测试,结果见表 3-4。

车辆识别召回率测试结果 表 3-4

数据集	LSVH			
网络模型	总计(%)	汽车(%)	公交(%)	货车(%)
YOLOv3	75.56	76.80	65.92	73.91
YOLO-A	79.15	78.89	77.60	81.36
YOLO-AF	79.95	79.60	78.35	82.62

由表 3-4 可知,残差注意力模块与 FSAF 模块的引入,显著地改善了 YOLOv3 网络路侧车辆识别出现的“漏检”现象。

YOLOv3、YOLO-AF 在 LSVH 数据集上的部分测试结果如图 3-34 所示。

由图 3-34 可知,在路侧交通环境中车辆由近及远,目标尺度逐渐变小。对于图像中的大尺度、中等尺度目标,两种网络模型都具有较好的识别效果,其中,YOLO-AF 由于加入了残差注意力模块,对车辆的识别精度更好。对于图像中的小尺度目标,YOLOv3 网络的识别效果欠佳,出现“漏检”现象的同时,检测精度也较低。相应的,YOLO-AF 网络在引入 FSAF 模块后,根据语义特征去匹配特征层,提高了小尺度目标的检测率，而且定位精度也显著提升。

图 3-34　LSVH 数据集部分车辆识别结果

如图 3-35 所示，YOLOv3、YOLO-AF 在 UA-DETRAC 数据集上的测试结果对比，表明 YOLO-AF 网络对于不同场景、不同视角的交通环境均有较强的鲁棒性，而且识别多尺度车辆目标的精度与准确度要优于 YOLOv3 网络。

图 3-35　UA-DETRAC 数据集部分车辆识别结果

3.5.3 基于视觉与激光雷达融合的路侧车辆识别实验

为了验证基于视觉与激光雷达融合的路侧车辆识别网络的有效性，本小节将通过实验测试对比 YOLOv3、YOLO-AF 以及 CBYOLO-AF 三种模型的效果。CBYOLO-AF 网络的训练过程分为三个阶段：①以雷达深度图、高度图以及图像色调图作为输入，训练 YOLO-AF 网络，以获得一个稳定的 CBYOLO-AF 特征提取子网络模块。Batch Size 大小设置为 14，初始学习率设置为 0.001。②载入子网络预训练权重，并冻结特征提取子网络层，训练其他卷积层。③采用阶梯状学习率方法训练所有层，Batch Size 大小设置为 8，初始学习率设置为 0.0001，以获得识别性能良好的网络模型。

1）实验数据

目前，在智能交通领域的公开数据集主要有 Cityscapes、KITTI 和 CamVid。其中，Cityscapes 和 CamVid 数据集不包含激光雷达数据，KITTI 数据集虽包含激光雷达数据，但主要是智能车驾驶环境，而不是路侧交通场景。为验证所设计智能路侧终端车辆识别算法，利用 3.2 节搭建的路侧端环境感知采集系统，将其安装在南京市太平北路天桥，对南北两侧交通场景进行信息采集，如图 3-36 所示。

图 3-36　路侧端环境感知系统采集平台

路侧端环境感知系统采集平台主要由一个彩色摄像头和 Velodyne 32 线激光雷达组成。为了测试所设计的基于视觉与激光雷达融合的路侧车辆识别网络模型 CBYOLO-AF 的光强变化抗干扰能力，分别采集晴天、阴天和反光三种光照强度下的交通流信息，共近 10000 张分辨率为 960 × 540 的真实路侧交通图像。由于相邻帧间图像相似度较高，本节以隔帧提取的方式，选出 5000 张图片作为路侧数据集，并以6∶2∶2 的比例分为训练集、验证集和测试集，识别汽车、公交和货车三类目标车辆。

如图 3-37 所示，路侧数据集因光照强度的不同分为晴天、阴天和反光三种场景。其中，晴天场景光线充足，阴天场景车辆目标图像较为模糊，反光是洒水车经过后形成的场景，给路侧车辆识别增加了难度。

a) 晴天场景

b) 阴天场景

c) 反光场景

图 3-37　路侧数据集示例图片

2)实验结果及分析

为了验证对 CBYOLO-AF 网络的有效性，本小节在路侧数据集上分别训练 YOLOv3、YOLO-AF 和 CBYOLO-AF 网络。本小节将从精度分析和实时性分析两方面进行验证。

(1)精度分析。

CBYOLO-AF 网络在路侧数据集上的精度测试结果见表 3-5。从表中可以看出，虽然光照条件的不同增加了车辆识别的难度，但是所设计的 CBYOLO-AF 网络相对于 YOLOv3 网络，车辆识别 mAP 提升了 8.14%，精度得到明显提高。该结果充分证明了网络设计的有效性。

各网络在路侧数据集上的车辆识别精度　　表 3-5

网络模型	mAP(%)	AP(%)		
		汽车	公交	货车
YOLOv3	83.04	84.47	92.49	72.16
YOLO-AF	88.32	85.19	95.69	84.07
CBYOLO-AF	91.18	91.38	97.51	84.65

(2)实时性分析。

实时性测试结果见表 3-6。从表中可知，所设计的基于视觉与激光雷达融合的路侧车辆识别方法(CBYOLO-AF)相对于 YOLOv3 网络，平均耗时较多。但是，在中摄像机的拍摄频率为 25Hz，三维激光雷达的旋转频率为 10Hz，CBYOLO-AF 网络在所用计算机平台上能以近 10Hz 频率输出，所以基本满足智能路侧终端对实时性的要求。与此同时，CBYOLO-AF 网络在不同光照条件下车辆识别的平均精度值得到大幅度提高，尤其是阴天场景。这是因为所设计的 CBYOLO-AF 模型在多传感器数据融合处理时,不仅对雷达数据与视觉信息进行简单的数据级融合,而且还利用子网络提取高阶数据特征与主网络进行特征级融合,有效提高了多种光照条件下车辆识别的精准度。

不同光照场景的车辆识别结果　　表 3-6

网络模型	AP(%)			平均处理时间(s)
	晴天	阴天	反光	
YOLOv3	87.16	80.36	84.81	0.046
YOLO-AF	91.30	84.50	90.26	0.083
CBYOLO-AF	94.01	87.25	92.62	0.114

图 3-38 与图 3-39 分别为阴天、反光场景的车辆识别结果。

a) 场景一YOLOv3车辆识别结果

b) 场景一CBYOLO-AF车辆识别结果

c) 场景二YOLOv3车辆识别结果

d) 场景二CBYOLO-AF车辆识别结果

图 3-38　阴天场景车辆识别结果对比

从 YOLOv3 与 CBYOLO-AF 对比结果能够看出,光线不足的干扰使得车辆目标像素变得模糊,严重影响了车辆识别的精准度。YOLOv3 网络可以检测出大部分车辆目标,但是定位效果不佳:近处车辆存在定位偏差,例如图 3-38a) 中客车、图 3-39a) 中较近处黑色汽车;远处车辆因定位偏差较大导致误识别,例如图 3-38c) 中远处白色汽车。CBYOLO-AF 网络将图像色调信息与激光雷达进行数据级融合,增强了网络的抗光照干扰能力;与此同时,CBYOLO-AF 网络基于双主干结构分支,将雷达数据与视觉进行高阶特征融合,增强了目标表征能力,因此网络对车辆目标的定位更加精准。

a) 场景三YOLOv3车辆识别结果

b) 场景三CBYOLO-AF车辆识别结果

c) 场景四YOLOv3车辆识别结果

d) 场景四CBYOLO-AF车辆识别结果

图 3-39　反光场景车辆识别结果对比

综上所述,所设计的基于视觉与激光雷达融合的路侧车辆识别方法(CBYOLO-AF)是一种既能对多尺度车辆目标进行精准识别,又具有一定的抗光照干扰能力。所设计的 CBYOLO-AF 网络不仅对激光雷达和视觉传感器在数据级上进行融合,而且充分考虑传感器间数据特点的互补性,对两种传感器数据进行特征级融合。实验表明,所设计的基于视觉与激光雷达融合的路侧车辆识别方法能够显著提升交通车辆识别的精度,并且具有一定的环境抗干扰能力,有助于进一步提高智能路侧终端环境感知系统的性能。

3.6 本章总结与展望

3.6.1 总结

精准、可靠的车辆识别是智能路侧终端环境感知系统的关键功能。本章以路侧场景下车辆识别的应用需求为依据,从车辆识别的精度和抗光照变化能力两方面入手,展开了基于多传感器融合的车辆识别技术的研究。主要工作如下:

(1)以 YOLOv3 网络模型为基础,引入残差注意力模块与无锚框特征选择模块,研究并设计了一种改进 YOLOv3 网络的路侧车辆识别模型(YOLO-AF),提升了对多尺度车辆目标的识别精度。

(2)设计了基于激光雷达和视觉传感器融合的路侧车辆识别方法(CBYOLO-AF),增强了多种光照条件下车辆识别方法的鲁棒性。

(3)设计并开展了相关实验,对提出的方法进行验证、评估和分析。实验表明,该方法能够有效提高车辆的识别精度,并且具有良好的环境适应能力。

3.6.2 展望

目前,基于智能路侧终端环境感知技术还处于探索研究阶段,仍有大量急需解决技术问题。本章为提高智能路侧终端车辆识别的性能,研究了基于多传感器融合的路侧车辆识别方法,并通过实验验证了该方法的有效性。但是就本章研究内容而言,仍有以下问题需要进一步研究:

(1)路侧端环境感知系统传感器难免因外界环境因素导致位置出现偏差,而联合标定的精度直接影响多传感器融合的准确性。因此如何设计相应的自标定算法是后续研究的重点之一。

(2)车辆遮挡情况下精度的优化。

(3)智能路侧终端的实际应用平台大多是嵌入式平台,如何将网络移植到计算性能、存储空间以及运行效率有限的嵌入式平台是未来重要研究方向之一。

第 4 章

路侧端小尺度行人检测感知技术

行人作为城市交通场景中关键的组成部分,其位置等信息的准确采集与感知常受到众多研究人员的广泛关注。目前,利用机器视觉信息对图像数据中的行人目标进行检测的方式大致可以分为两种类型:基于人工特征的传统机器学习方法和基于自主提取特征的深度学习方法。传统机器学习方法可解释性强,结构相对简单,但通常难以在复杂多变的环境中保持较高的检测质量,深度学习方法利用卷积神经网络中的非线性映射可以自主学习具有强层次化的行人特征,广泛应用于各类大规模图像数据处理问题中。然而,在路侧问题下,所采集到的图像中的行人目标大多为小尺度,所占像素区域小,颜色、边缘等外观模糊不清,复杂交通环境中的大量电动车等负样本也进一步增加了检测难度,一些传统的深度学习网络难以学习到明显的行人特征。

为了解决上述问题,开展了基于超分辨率化的小尺度行人特征研究,以视觉传感器为主要传感源,从增强行人特征表征的角度出发,研究针对小尺度行人目标检测的网络。以城市交通中的关键场景为例,重点关注小尺度行人目标的检测性能,在提高检测精度的同时保证一定的实时性,为后续进行危险状态预警等功能服务,有效支撑更高级别的智能驾驶功能的实现,适应未来智能车路系统的发展需求。

4.1 基于不同尺度的行人识别方法

4.1.1 通用目标检测

自然场景下常见的大尺度行人目标,可以看作显著性目标而使用不限制目标类型的通用目标检测方法进行处理,根据所用特征类型可以分为基于人工设计特征的方法和基于深度卷积网络提取特征的方法。

得益于机器学习技术的发展,产生了大量基于统计学习的分类器算法,其中以自适应增强 AdaBoost、支持向量机 SVM 和随机森林(Big Random Forests)为代表的浅分类器常被用来学习图像窗口中人工设计的目标特征,进而判断该窗口中是否含有检测目标。例如,梯度方向直方图特征(Histograms of Oriented Gradients, HOG)作为一种边缘特征能够很好地描述目标的形状和外观信息,而且可以包容一些微小的空间位移,是一种较为主流的人工特征;局部二值模式(Local Binary Patterns,LBP)则是一种直接基于像素灰度计算的二值编码特征,能够描述图像的局部纹理特征。仅使用单一的人工设计特征难以保持较高的鲁棒性,对视角、外观、姿态各异的行人等目标的检测效果不足,为适应复杂多变的应用环境,实际使用时通常将两种及以上的人工特征结合起来进行综合计算,同时也带来了大量的高维度特征计算过程,对检测的实时性造成影响。

近年来,深度学习技术开始大规模应用于包括目标检测识别在内的计算机视觉应用领域。典型的通用目标检测网络主要有以 R-CNN 系列网络为代表的两步检测法和以 YOLO 系列网络及 SSD 网络为代表的单步检测法。单步检测法由于结构组成较为简单,能够达到相对较快的检测速度,为实时应用需求提供了可能,但相对两步检测法在目标定位的准确性方面则稍显不足。较于单步检测法,两步检测法在目标定位的准确程度和网络结构的模块化程度上更高。

4.1.2 小尺度目标检测

对于路侧视角下的典型交通场景,由于行人普遍距离路侧视觉传感器较远,因此大多表现为高度小于 100 像素的小尺度目标,且多集中在 30 ~ 50 像素,随之而来的外观模糊不清、所占像素点少、与环境对比度差导致了小尺度行人的漏检率高且定位准确率低等问题。目前,基于深度学习技术来改善小尺度目标检测性能的方法主要有多层特征融合、添加上下文信息和特征增强。

多层特征融合针对小尺度目标检测中需要的浅层网络特征信息,将具有更强语义性的高层特征和分辨率更高的浅层特征相结合,如 ION(Inside-Outside Net)、HyperNet 等网络通过生成多层融合的特征来实现多尺度目标的定位预测;MSCNN(Multi-Scale Deep Convolutional Neural Network)、DSOD(Learning Deeply Supervised Object Detectors From Scratch)、RFBNet(Receptive Field Block Net)等对多层特征图分别进行预测来判断特定的目标尺度。该方法能够提升多尺度目标检测的准确率,但同时也直接导致了网络训练和推理时的巨大计算量。

交通场景下的小尺度行人目标通常出现在图像中的人行横道线区域,因此可以使用添加上下文信息的方法提高小尺度识别准确率,现有的网络如 ION 利用空间递归神经网络 RNN 来实现对感兴趣区域周围方向上下文信息的提取;GBDNet(Gated bi-directional cnn for object detection)对目标候选区域与周围局部上下文间的关系进行了建模,并利用不同上下文区域的特征信息进行相互验证;SIN(Structure Inference Net)则将目标检测描述为结构图推理问题,将其作为上下文信息同通过 RNN 与目标自身特征融合。然而,图像中针对视觉目标的各类上下文信息冗杂,因此这些方法大多引入了用于处理链式模型问题的 RNN 网络结构,增加了大量需训练的参数,加大了整体网络的训练难度。

为了简化网络的复杂度,减少其计算量,基于特征增强的方法逐渐被应用到了小尺度目标检测中。LI 等基于生成对抗技术,利用大小尺度目标间的特征分布相似性生成了超分辨率化的小尺度目标特征,进而提升了对交通标志等小尺度目标的检测准确率,但对于其设计的多分支网络结构,端到端的训练方式常会出现难以收敛的问题,网络训练难度较大;PANG 等利用卷积神经网络来拟合低分辨率图像到相应高分辨率图像的映射,从而实现小尺度行人图像的超分辨率化。这类将小尺度图像或特征进行超分辨率重建来进行特征增强的方法大多使用了端到端的训练方式,并且只考虑了行人目标之间的相似性,没有改善复杂背景难以区分的问题。

综上所述,目前对显著目标的检测方面已有较丰富的理论研究,在多数自然背景的数据集上能够实现较高的检测准确率,对行人等小尺度目标的检测,则主要从多尺度特征融合、上下文信息添加以及特征超分辨率化等方面进行了相应的研究,尽管在各自的实验场景下都不同程度地提升了小尺度目标的检测准确率,但同时也不可避免地导致了网络的加深和复杂化,使得本身可解释性弱的深度神经网络更加难以训练,训练和推断的耗时大量增加,对于实时应用提出了更大的挑战。

4.2 基于深度卷积网络的路侧端行人识别方法

近年来快速发展的深度学习技术受神经学的启示,利用低层信息到高层信息的函数映射来建立数据内部隐含的逻辑层次模型,大量的隐藏层结构使其不仅具有强大的数据处理计算能力,而且对视频图像等大数据也具有更良好的拟合性。其中深度卷积神经网络的局部感知和参数共享等特点使其尤其适用于图像处理与机器视觉领域,目前已被大量应用于图像目标检测和分类问题中。本节重点关注用于行人目标检测的深度卷积神经网络,搭建包含特征提取、候选区域生成及其局部特征聚集和目标框回归定位等部分在内的检测网络框架,并利用特征表征能力强的卷积网络结构和精细化的区域池化策略,来增强检测网络对较小尺度行人目标的适应性,最后形成了针对通用尺度的行人检测网络 Faster R-Inception 并通过实验对路侧视角下的行人目标实现了初步检测。

4.2.1 行人检测网络框架

行人目标检测即判断图中是否含有行人并用边框标记存在的行人目标,包含对目标进行分类和定位两个问题。根据近年来对深度神经网络的大量研究和实验,图像中的目标检测处理过程可以大致分为候选区域的选择、区域特征的聚集提取和目标类别与位置的计算三个部分。其中,两步检测法在计算目标框位置时,会首先根据设置的锚框参数生成目标候选区域(Region of Interest,ROI),即目标框的粗选,后续再进行一次精确地定位回归,相对单步检测法更有利于准确检测较小尺度的行人目标,因此本章首先基于两步检测法的代表性网络 Faster R-CNN 来搭建基本的检测网络架构,基本结构如图 4-1 所示。

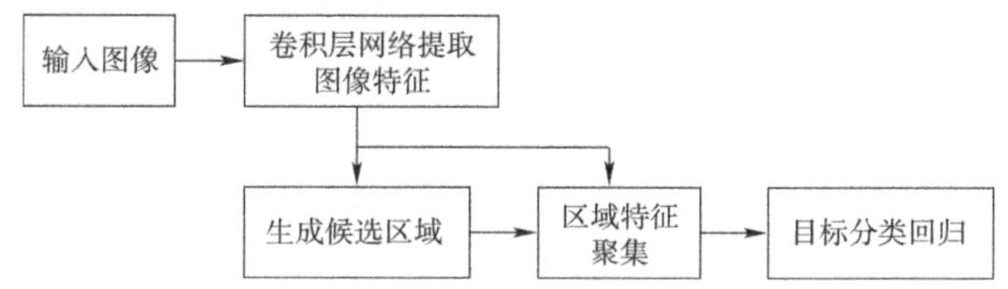

图 4-1　基于两步检测法 Faster R-CNN 的目标检测网络基本架构

1)卷积层提取图像特征

检测网络中的卷积层主体部分主要用于从输入图像的大量信息中提取关于目标的重要特征,获得的结果为整幅图像的特征图。对于本章小尺度行人的检测应用,需要卷积层网络不仅具有较强的细节特征表征能力,而且能够快速生成各维度的特征图,保证检测网络一定的实时性。

(1)VGG-16。

在 Shaoqing Ren 提出的 Faster R-CNN 网络框架中使用的是基础的 VGG-16 网络结构,共包含了 13 个卷积层、13 个激活函数和 4 个池化层,具体结构如图 4-2 所示。当输入图像尺寸为 $H \times W \times 3$ 时,输出的特征图 Feature Maps 尺寸为 $(H/16) \times (W/16) \times 512$。网络中所有卷积层均采用 3×3 的卷积核参数,所有池化层也均采用相同的 2×2 池化核参数,并以直接堆叠的方式形成了适当的网络深度,结构简洁,性能实用,巨大的参数数量使其能够具有很好的拟合能力,在 2014 年的 ILSVRC 比赛中,VGG 网络在 Top－5 中取得了 92.3% 的分类正确率,是一种很常用的基础卷积网络,但一个明显的缺点是训练时间过长、调参难度大。

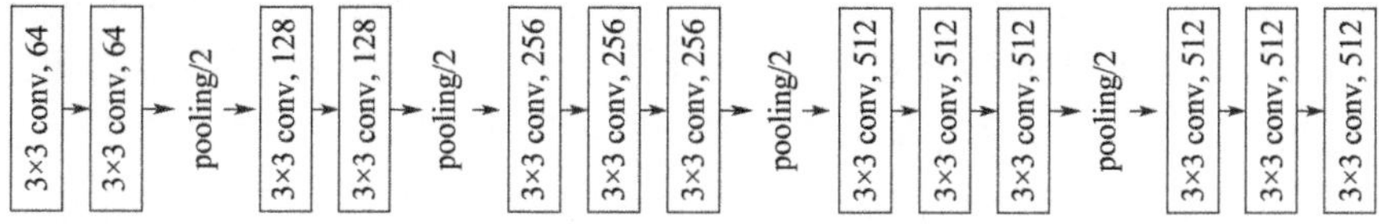

图 4-2　VGG-16 网络结构

(2) Inception_v2。

在检测过程中,用于提取图像中目标特征信息的卷积层网络是整个检测网络的核心,后续的候选区域生成、目标类别分数计算以及边框回归定位等部分均依赖于卷积层主体网络所产生的图像特征图,因此对目标特征的有效表征提取是整体网络能够准确检测的基础保障。为提高对目标特征的拟合表征能力,逐渐发展出了更深层的卷积网络,Christian Szegedy 等提出的 Inception 系列卷积网络致力于设计一种优秀的局部拓扑结构,通过对输入图像并行地执行多个卷积或池化操作,并将输出结果拼接为一个非常深的特征图以获得更好的图像表征。其中 Inception_v2 卷积网络进一步提出了一系列用于增加分类准确率和减少计算复杂度的方法,与 VGG-16 相比在计算速度和分类准确率两方面均有提升。

Inception_v2 网络设置并行结构模块,利用多个不同结构的卷积和相应的池化操作来处理不同维度的特征信息,在加深网络的同时将卷积层扩展得更宽,避免特征图在传播过程中因维度的大幅度减少而造成的信息损失,尤其是对小尺度目标的细节信息,以缓解表征性瓶颈,增强卷积网络对目标特征的表征能力。同时大量使用的 1×1、3×3 等小尺寸卷积核也进一步增强了网络对较小尺度的适应能力。然而,更深的网络通常会带来更多的参数数量和更大的计算量,因此 Inception_v2 通过适当的分解卷积和积极的正则化高效地利用了添加的计算,同时增加 1×1 的卷积来限制特征的通道数量,显著降低了计算成本。

Inception 系列卷积网络之后又进一步发展出了结合残差网络的 Inception_ResNet v1 和 v2 网络,虽然在显著性目标分类检测等任务上的准确率稍有提升,但极大地增加了网络的复杂程度,训练和推理过程都耗时很长,无法支撑实时的检测应用,因此综合考虑计算成本和所需的精度性能,本章采用 Inception_v2 网络来实现图像的特征提取,主要由多个如图 4-3 所示的 inception 基本模块叠加组成。对于尺寸为 $H\times W\times3$ 的输入图像,所用的 Inception_v2 卷积网络输出相应特征图的尺寸为 $(H/16)\times(W/16)\times1024$。

2) 候选区域生成

该部分主要根据卷积网络输出的特征图生成图像中关于行人目标的候选区域 ROIs,便于后续分类定位部分的进一步精确计算。经典的区域生成方法主要使用滑动窗口遍历计算或选择性搜索等方式,计算量大且效率低,是网络检测耗时长的一个主要原因。Shaoqing Ren 等人设计了区域候选网络(Region Proposal Networks, RPN)网络使用少量的全卷积层来快速生成 ROIs,对目标进行了初步定位。候选区域 ROIs 的生成流程如图 4-4 所示。

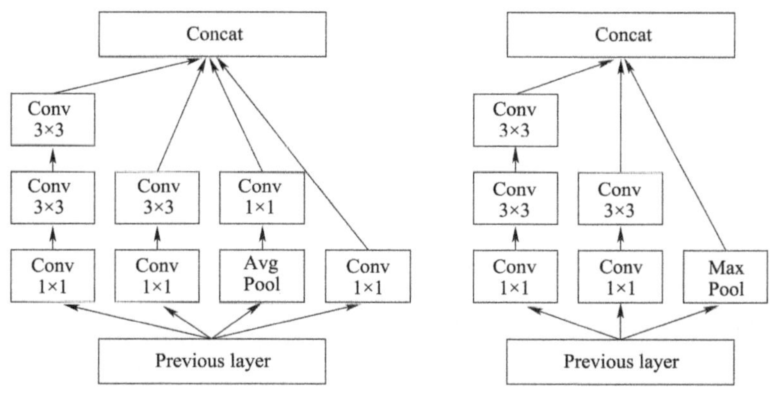

图 4-3　Inception_v2 卷积网络的基本组成模块

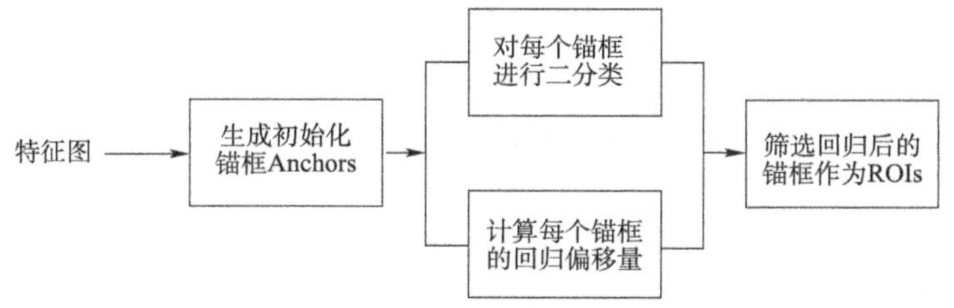

图 4-4　ROIs 的生成流程图

(1)生成初始化锚框 Anchors。

首先尺寸为$(H/16)\times(W/16)$的特征图上每点配置 9 个大小不同的锚框作为 ROIs 的初始化,由于本章所关注的小尺度行人目标高度基本处于 30～100 像素范围内,因此基于比例因子 16,设置每点锚框的缩放尺度因子分别为 ×2、×4、×8,根据行人目标外观设置边框的等面积宽高比分别为 0.5、0.75、1,以每点位置为中心在三种尺度上分别以三种宽高比生成 9 个锚框,整个特征图中共生成$(H/16)\times(W/16)\times9$个初始锚框。

(2)锚框二分类。

生成的锚框通过并行的两个分支来处理,其中一个分支对每个锚框进行目标或背景的二分类,利用一个 1×1×18 的卷积和 Softmax 非线性函数来逐点计算 9 个锚框分别属于目标或背景的 2 个概率分数,初步提取出包含目标的锚框作为候选区域。

(3)回归偏移量计算。

为了使锚框与目标真值更加接近,另一个分支使用一个 1×1×36 的卷积来计算锚框与真值间的回归偏移量。对于锚框 A 一般使用四维向量(A_x,A_y,A_w,A_h)来表示其位置，分别为该锚框的中心点坐标和宽高尺寸，同样用(x^*,y^*,w^*,h^*)来表示相应的真值边框，使用一个线性回归模型来预测各锚框与相应真值框之间的偏移量，其中期望的真实偏移量 $t=(t_x,t_y,t_w,t_h)$ 为：

$$t_x=(x^*-A_x)/A_w \tag{4-1}$$

$$t_y=(y^*-A_y)/A_h \tag{4-2}$$

$$t_w=\log(w^*/A_w) \tag{4-3}$$

$$t_h=\log(h^*/A_h) \tag{4-4}$$

对于锚框 A 预测输出的偏移量为 $d(A)=(d_x(A),d_y(A),d_w(A),d_h(A))$，通过真实偏移量 t 与预测偏移量 $d(A)$之间的差异来进行学习，从而使网络能够学习到准确预测偏移量的能力。

(4)输出候选区域 ROIs。

根据各锚框二分类为目标的概率分数进行由大到小排序，取分数前 N_1 个的锚框结合其预测得偏移量进行定位修正，然后根据特征图的尺度因子将修正锚框映射回原图中，对一部分超出图像边界的边缘锚框，则用裁剪的方式去除图像外的多余部分，之后利用非极大值抑制的方法再次剔除多余的重复边框，得到原图中较为准确的粗选目标边框，最后再次取目标分数前 N_2 个的修正锚框作为候选区域 ROIs 进行输出。

3)候选区域特征聚集

该部分主要针对各目标候选区 ROIs 分别进行局部的特征处理，通过池化等操作将区域特征进行聚集，同时由于后续用于分类回归的全连接网络的参数量是固定的，因此需要统一为固定尺寸的特征图，从而使得整个检测网络的输入图像不受尺寸 H、W 的限制。

(1)ROI pooling。

Faster R-CNN 中设计了 ROI pooling 的方式进行区域特征处理，首先将原图中的候选区域 ROIs 位置映射至$(H/16)\times(W/16)$大小的图像特征图中，并对边框尺寸进行取整，以分别获取相应位置的特征信息，然后对各候选区域特征图进行尺寸统一。简单的尺寸变换方式如裁剪、拉伸等会破坏图像信息的完整性或形状结构信息，ROI pooling 方式则对每一个区域特征图进行固定输出尺寸的最大池化操作，设置输出尺寸为 pooled_w = pooled_h = 7，即池化后均固定为 7×7 大小的特征图，对于一个池化前大小为 $m\times n$ 的区域特征图，其 ROI pooling 的池化核尺寸则为$(m/7)\times(n/7)$，在实际计算时需要先进行取整量化处理。ROI pooling 策略的流程如图 4-5 所示。

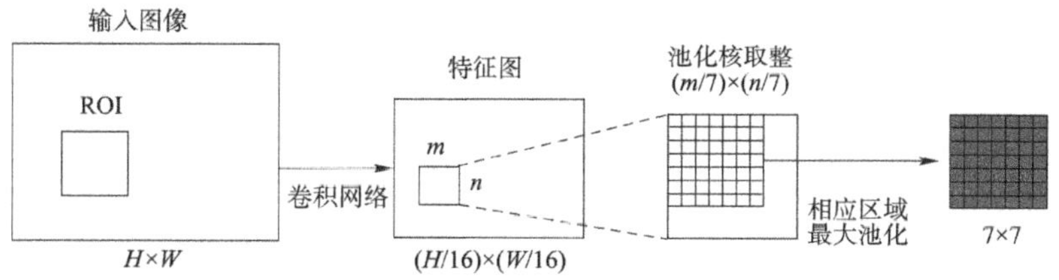

图 4-5 区域特征聚集策略 ROI pooling 示意图

由于候选区域 ROIs 的位置通常由模型回归得到，一般为浮点数，因此在 ROI pooling 过程中存在两次边框量化的操作，从而使得最后输出的特征图对应位置与回归得到的 ROIs 位置产生一定偏差，并导致部分像素损失，造成区域不匹配问题，影响后续网络的检测精度。该层特征图上每产生 0.5 像素的偏差，映射到原图中即为 8 个像素的误差，而本章重点关注的小尺度行人目标宽度通常为 15 像素左右，因此 ROI pooling 策略中由于取整量化所带来的像素误差使其尤其不适用于小尺度目标的检测。

(2) ROI Align。

为减少常用策略 ROI pooling 中量化操作所带来的像素误差，本章采用在 MASK R-CNN 网络中提出的 ROI Align 方式进行区域特征处理，始终保持浮点数边界不做量化，每个 ROI 区域特征图都严格划分为 7 ×7 的小单元，在池化过程中不直接使用像素点的值，而是对每个小单元进一步平均分割四份，并分别取其中心位置作为采样点，由于采样点坐标通常为浮点数，因此用双线性插值的方法分别计算其相应的值从而进行最大池化操作。虽然整体上使用了较少的采样点，但消除了量化误差，针对小尺度目标获得了更好的性能，解决了区域不匹配问题。ROI Align 策略的处理流程如图 4-6 所示。按照该方法将输入的 N_2 个候选区域 ROIs 遍历处理后，输出的即为尺寸为 $N_2 \times 7 \times 7 \times 1024$ 的特征图数组，送入后续全连接层进行精确的分类回归计算。

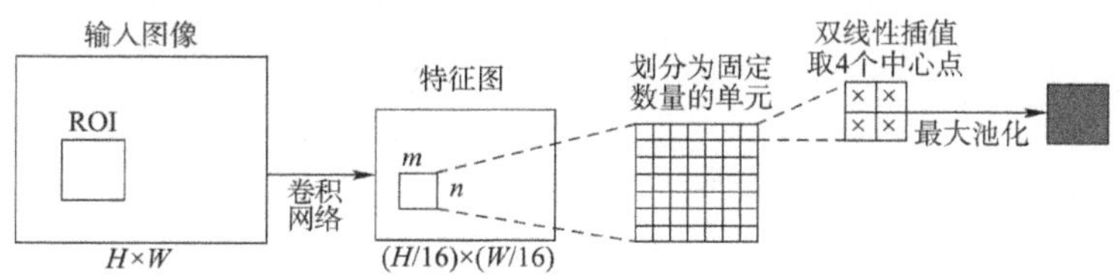

图 4-6 区域特征聚集策略 ROI Align 示意图

4) 目标分类及回归定位

该部分主要基于 N_2 个经聚集处理的候选区域特征图，对其再次进行行人目标或背景的分类以及精确边框的预测回归。通过全连接层和 Softmax 非线性函数计算每个候选框的具体所属类别，本章仅针对行人单类型目标进行检测，因此仍为一个二分类，输出一个 $N_2 \times 1$ 尺寸的行人类别分数数组。同时另一全连接层再次利用与式(4-1) ~ 式(4-4)相同的回归预测方式，计算每个候选框相应的位置偏移量，输出一个 $N_2 \times 4$ 尺寸的坐标偏移量数组，从而获得更加精确的目标检测框。最后根据各检测框的行人类别分数进行排序，并设置相应的重叠率阈值再次进行非极大值抑制来精选出定位更准确的目标框，最终仅保留行人类别分数在 0.60 以上的目标检测框显示在原图像中进行可视化输出。

4.2.2 行人检测网络实验分析

为测试本节所搭建的 Faster R-Inception 通用尺度行人检测网络性能，本小节基于两种路侧视角采集制作了数据集进行训练测试。相对于车载端视角，路侧端视角下采集的图像中行人目标尺度普遍较小，按照检测应用中常用的尺度分类标准，通常不包含高度在 200 像素以上的大尺度行人目标。首先在距离较近的一般路侧视角下采集人行横道线区域的交通场景图像数据，原始图像尺寸为 1920 像素 ×1080 像素，其中行人目标高度多集中在 100 ~ 200 像素范围内，因此作为中等尺度行人数据集。其次在距离较远的龙门架视角下采集城市交通场景图像数据，原始图像尺寸同样为 1920 像素 ×1080 像素，其中行人目标高度均在 100 像素以下，且多集中在 30 ~ 50 像素，因此作为小尺度行人数据集。网络的训练数据集由 1000 帧中等尺度行人图像和 1000 帧小尺度行人图像组成，并从两种视角下的图像中各取 200 帧不参与训练的图像分别作为中等尺度测试集和小尺度测试集。训练时原始图像尺寸均调整为 1500 像素 ×900 像素进行输入。所有实验均在 Ubuntu16.04 系统下进行，使用一个 NVIDIA TITAN XP GPU 进行加速。本节 Faster R-Inception 网络与基准 Faster R-CNN 在两种尺度测试集上对行人的检测性能对比情况见表 4-1。

本节模型与基准 Faster R-CNN 行人检测性能对比 表 4-1

网络模型	测试集	准确率(%)	召回率(%)	平均检测时间(ms)
Faster R-CNN	中尺度	75.8	79.4	247
	小尺度	46.6	48.9	
Faster R-Inception	中尺度	80.4	83.8	68
	小尺度	54.9	51.5	

其中两种网络在中等尺度和小尺度测试集上的部分检测效果分别如图 4-7、图 4-8 所示。

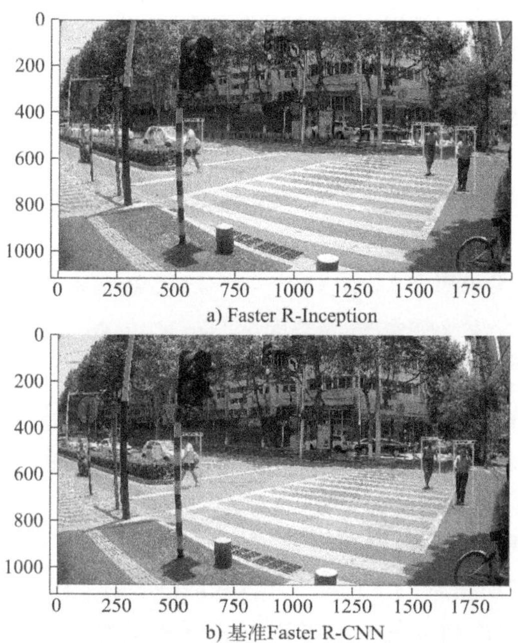

a) Faster R-Inception

b) 基准Faster R-CNN

图 4-7 Faster R-Inception 网络与基准 Faster R-CNN 在一帧中等尺度测试集上的检测效果

a) Faster R-Inception

b) 基准Faster R-CNN

图 4-8 Faster R-Inception 网络与基准 Faster R-CNN 在一帧小尺度测试集上的检测效果

从实验的结果可以看出，由于使用了表征能力更强的 Inception_v2 并行卷积结构以及减少像素损失的 ROI Align 特征聚集策略，本节 Faster R-Inception 网络较基准 Faster R-CNN 网络在检测准确率和召回率方面均略有提升。同时，主要由于 Inception_v2 卷积网络的参数量大幅减少，检测速度显著提升，在所用平台上能够以大于 14fps 的频率处理 1920 像素 ×1080 像素大小的图像，为路侧端设备的实时应用提供了可能。

在中等尺度测试集（图 4-7）中，对于一个局部复杂背景下较小尺度的行人目标，基准 Faster R-CNN 发生了漏检现象而 Faster R-Inceptio 网络则能够实现较为准确的检测。在小尺度测试集（图 4-8）中，基准 Faster R-CNN 不仅对光照不足、遮挡等状况下的小尺度行人存在漏检问题，而且对于分布相对密集的小尺度行人定位精度低，难以准确分辨其中的单独个体，本节 Faster R-Inception 网络对于漏检问题有一定改善，但仍未能检测出被遮挡的小尺度行人，对于检测难度较大的相对密集人群，其定位精度有所提升，但仍未达到较理想的应用效果。

根据表 4-1，本节所搭建的 Faster R-Inception 网络对于中等尺度行人具有良好的检测性能，但对小尺度行人的检测准确率和召回率仍处于较低水平，远没有达到能够准确检测的程度，难以支撑智能车路系统中更高级别功能的有效实现。小尺度目标在较大的输入图像中所占区域面积小、像素点少，难以提供较强的语义等特征信息，因此本节从丰富小尺度行人目标的特征这一角度出发，利用超分辨率化技术增加其细粒度特征信息，使其能够达到与较大尺度行人目标相似的检测效果。

4.3 基于生成对抗的超分辨率网络

图像的超分辨率方法能够将一幅低分辨率图像重建为其对应的更高分辨率版本，在卫星图像分析、深度图像立体匹配、生物特征识别等机器视觉领域已有广泛应用。路侧端视角下的小尺度行人在图像中所占像素点少，提取的特征分辨率低、表征能力弱，是其难以被准确检测识别的直接原因，为提升网络对小尺度行人目标的检测性能，本节从增强其特征质量的角度出发，搭建了超分辨率子网络，将小尺度行人的特征图放大 4 倍，重建为相应的高分辨率特征图，从而使其与较大尺度的行人特征图类似，能够具有丰富的细节信息，并提供更多的语义特征，进而提高小尺度行人目标的检测准确率和召回率。

为准确重建出具有良好高频细节的高分辨率特征图，本节基于生成对抗思想来实现行人特征图的超分辨率化，通过学习大小尺度行人目标特征间的关系，以对抗性训练的方式最终生成所需的高分辨率结果，并通过相应实验验证了所搭建超分辨率子网的有效性。

4.3.1 生成对抗技术

1）生成对抗网络基本原理

Ian Goodfellow 提出的生成对抗网络（Generative Adversarial Networks，GAN）是一种以对抗方式来学习数据分布的生成式模型，通过交替训练相互对抗的生成器和判别器，来从复杂概率分布中采样，进而生成任务所需的新数据样本，能够广泛适用于图像、文本、语音等多种数据类型。生成器和判别器的相互对抗具体表现为，生成器生成尽可能真实的样本去欺骗判别器，而判别器尽可能准确地判断该样本是否属于真实的样本，用交替训练的方式使生成器和判别器形成一个动态的博弈过程，当博弈达到平衡后，理想状态下的生成器能够生成足够逼真的样本，使判别器无法判断该样本是真实的还是生成的假样本。生成对抗网络 GAN 的基本原理如图 4-9 所示。

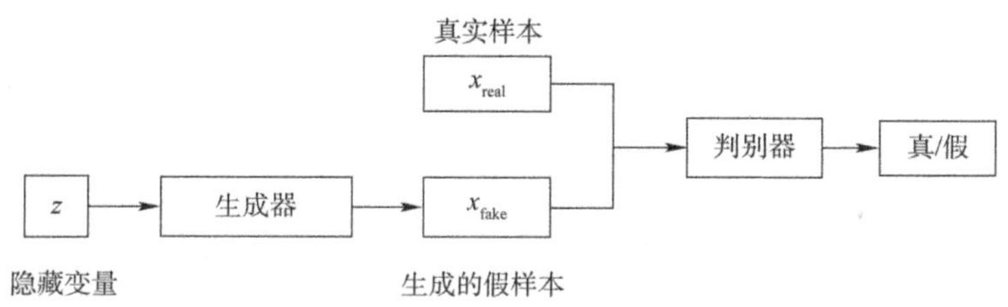

图 4-9 生成对抗网络 GAN 原理示意图

训练时，隐藏变量 z 一般为服从高斯分布的随机向量，包含 m 个随机样本 $z=\{z^1,z^2,\cdots,z^m\}$，通过生成器将其映射为接近真实数据分布的假样本 $x_{fake}=\{x_f^1,x_f^2,\cdots,x_f^m\}$，并采样 m 个真实样本 $x_{real}=\{x_r^1,x_r^2,\cdots,x_r^m\}$。每次迭代更新时，首先固定生成器 G 的参数来训练判别器 D，将真假样本 x_{real}、x_{fake} 及其相应的真假标签共同输入判别器 D 进行学习，使其能够尽可能准确地输出当前输入是否为真实的判别结果，通常先将判别器 D 循环训练 k 次，得到较好的分类效果之后，再固定判别器 D 的参数来训练一次生成器 G，主要通过学习此时判别器 D 的分类误差，使生成的假样本与真样本间的差距减小，经过多次上述的迭代更新过程，生成器和判别器模型均收敛，此时的生成器则能够产生所需的样本数据。

生成对抗网络作为一种生成式模型，其优势主要在于：①生成数据的方式是并行的，与其他对概率分布显式建模的生成式模型如 pixelRNN、pixelCNN 相比，利用一个生成器直接进行向目标样本分布的映射，能够快速得到一系列的生成结果；②优化生成器时，使用一个训练的判别器而不是直接的损失函数来进行逼近，更能够自顶向下地掌握全局信息，针对生成结果做出更利于优化的判断。同时 GAN 在应用中主要存在的问题为：①模型不稳定，训练难度大，实际训练在参数空间进行优化，很容易收敛至局部最优而不是全局最优，无法保证实现理论上的纳什均衡；②训练时判别器的错误判断容易使生成器开始退化，丧失生成结果的多样性来保证准确性，无法继续优化学习，导致模式崩溃。

针对训练时存在的问题，从目标函数、网络结构等角度出发，发展出了多种相应的改进方法，并结合标签平滑、归一化等训练技巧，使生成对抗网络及其各类变体在图像翻译、超分辨、视频生成、文本序列生成等任务中均有良好的表现。

2）基于卷积的生成对抗网络

由于卷积神经网络 CNN 在计算机视觉应用方面所发挥的重要作用，生成对抗网络 GAN 尝试与 CNN 相结合以用于大批量的图像数据处理，其中一个典型的网络模型为深度卷积生成对抗网络（Deep Convolutional Generative Adversarial Network，DCGAN）。在基准生成对抗网络架构的基础上，将生成器和判别器结构均设计为卷积网络以替代函数映射，将随机向量转换为高维的图像矩阵，同时提升了生成对抗网络训练时的稳定性，可以有效实现高质量图像生成以及进一步的分类应用。DCGAN 网络中的生成器卷积结构如图 4-10 所示。

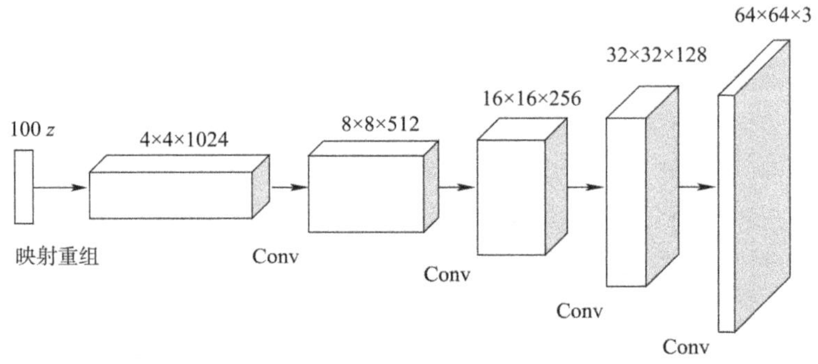

图 4-10　DCGAN 中的生成器结构

其中，输入的 100 维随机噪声向量 z 经简单映射重组为一个 $4\times4\times1024$ 的张量，通过四次相同的反卷积操作对其进行上采样，转化为一个 $64\times64\times3$ 的 RGB 图像作为生成结果输出。其中四次反卷积操作的卷积核大小均为 5×5，步长均为 $s=2$。判别器结构则为与生成器完全相反的卷积网络，其输入为 $64\times64\times3$ 尺寸的图像，经过四次相同的卷积操作以及 Sigmoid 激活函数输出该图像为真实的分数，其中的卷积核尺寸及步长均与生成器中相同。

利用基于卷积的生成对抗网络能够对图像特征进行有效的层级处理，DCGAN可以针对性地实现图像合成、图像还原、图像翻译等功能，在神经网络的数据集增强处理等方面具有重要意义。

4.3.2　超分辨率重建网络

利用生成对抗网络的生成特性，可以从低分辨率的图像中生成相应的高分辨率版本，从而解决机器视觉应用中图像模糊不清所带来的问题。因此本小节基于生成对抗思想搭建超分辨率子网络，对小尺度行人的局部区域特征图进行超分辨率重建，生成四倍放大的高分辨率行人区域特征图，提供足够丰富的细节特征信息，从而提升整体检测网络对小尺度行人的检测性能。

1)生成器结构

超分辨率生成器的目标是将小尺度行人的低分辨率区域特征进行重建，使其分辨率放大四倍，且能够与真实大尺度行人的高分辨率特征分布相似，从而为检测提供准确有效的细粒度特征信息。而针对同一幅行人图像，不同分辨率的特征图中所携带的低频信息是相近的，其中的高频分量是主要区别，因此超分辨率生成器主要通过学习大小尺度行人间的残差特征来实现输入特征图的超分辨率化重建，并且与直接学习高分辨率特征的方法相比，残差学习的方式可以避免网络信息过载，减弱了网络对梯度的敏感性，能够有效解决深层网络中的梯度消失或梯度爆炸问题，更易于收敛的同时也能够得到更优秀的高分辨率结果。

超分辨率生成器网络结构如图4-11所示，本小节利用超分辨率生成对抗网络(SupeR-Resolution Generative Adversarial Network，SRGAN)中用于推理高分辨率RGB图像的残差块堆叠结构作为主要核心部分，每个残差块包括两个3×3大小的卷积层，每个卷积层后跟随一个批量标准化层(Batch-Normalization，BN)将每层卷积输出的分布规范化，在增加模型鲁棒性的同时加快收敛、提升训练时的学习速率，并使用非线性的PReLu作为激活函数，通过多引入一个训练参数来增强生成网络的拟合能力，最后使用两个ESPCN中提出的像素重组层(Pixel Shuffler)来实现特征图的上采样，从而将分辨率有效放大四倍。

生成器的输入为关于小尺度行人的低分辨率特征图，为便于进行对抗性训练，训练时需要根据小尺度行人的RGB图像进行预处理，首先将RGB图像通过一个7×7的分离式卷积层(Separable Convolutions)以减少权重参数的数量，之后使用两个分别为3×3和1×1的卷积层来使其输出通道数与之后检测网络中所用的浅层特征通道数保持一致，经过与检测网络中相同的区域特征聚集策略ROI Align处理后，所得到的特征图即作为生成器对抗性训练时的输入。而生成器输出的高分辨率特征图则需经过一个9×9的卷积层作为后处理，从而得到相应的RGB图像，并以此作为判别器训练时的输入。

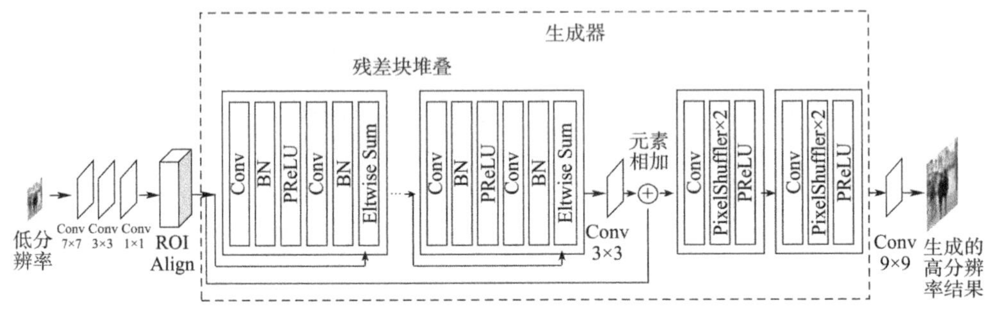

图4-11　对抗性训练时的超分辨率生成器结构

2)判别器结构

超分辨率判别器的目标是尽可能准确地对生成器输出结果和真实大尺度行人特征进行真假分类，判别器的分类误差不仅用于更新训练其自身的网络参数，还用于回传至生成器来更新其中的参数，促使生成器结果向更能够欺骗判别器的方向发展。同样为简化训练过程，对抗性训练判别器时，并不直接使用多维度特征图作为输入进行分类训练，而是使用行人RGB图像作为判别器输入，包括生成器训练时经后处理得到的高分辨率RGB生成图像以及对应的真实大尺度行人RGB图像，并分别将其标签标记为0和1来表示生成图像和真实图像。

判别器的网络结构如图4-12所示，本质上是一个二分类的简单卷积网络。为促使生成特征的高频细节和语义信息能够与检测网络相适应，判别器采用与4.2节检测网络相同的卷积层主体，即Inception_v2网络结构，因此判别所依据的特征符合行人检测所需，生成特征能够向有利于检测的方向进行学习训练。之后利用一个简单的全连接层和Sigmoid函数来进行真实图像与生成图像的二分类，最后输出将当前输入判断为真实图像的概率分数。

3)超分辨率网络损失函数

根据GAN网络中的对抗性训练思想，判别器D_θ需要使输出的类别概率分数与真实类别标签之间的误差最小化，而生成器G_ω则需要使生成的高分辨率特征与真实大尺度特征间的误差最小化，且根据判别器D_θ的分类结果对梯度更新的方向进行改变。因此，判别器D_θ使用分类问题中常用的交叉熵损失来计算其分类的准确性，从而衡量生成图像与真实图像间的相似程度，在二分类情况下的交叉熵损失函数表示为：

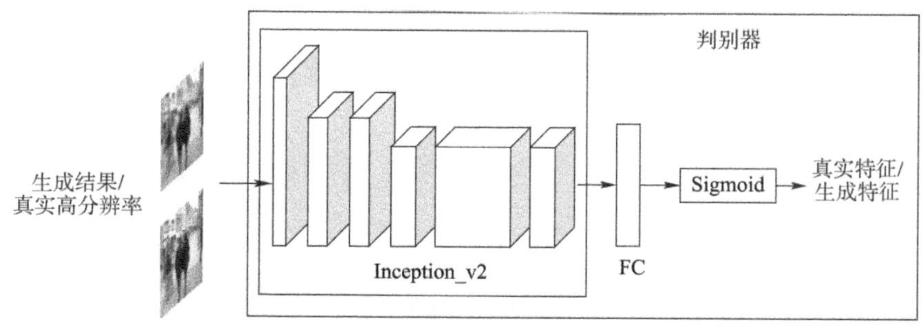

图 4-12　对抗性训练时的超分辨率判别器结构

$$L_{\text{cross}} = -\frac{1}{N}\sum_{i=1}^{N}\left[y_i\log(p_i) + (1-y_i)\log(1-p_i)\right] \tag{4-5}$$

式中，N 为样本数量；y_i 为第 i 个样本的类别标签值，真实样本为 1、生成样本为 0；p_i 为第 i 个样本经判别器输出的类别概率分数。当判别器 D_θ 的输入为真实大尺度行人样本 **HR** 时，需要将其类别分数判断为 1，当输入为低分辨率行人样本 **LR** 的生成结果 $G_\omega(\mathbf{LR})$ 时，需要将其类别分数判断为 0。将损失函数(4-5)进一步用概率分布的期望形式表示，可以将本小节超分辨率网络对抗性训练时的目标函数定义为：

$$\min_{G_\omega}\max_{D_\theta} E_{\text{HR}} \sim p_{\text{train}(\mathbf{HR})}\log D_\theta(\mathbf{HR}) + E_{\text{LR}} \sim p_{\text{G}}(\mathbf{LR})\left[\log(1 - D_\theta(G_\omega(\mathbf{LR})))\right] \tag{4-6}$$

式中，ω、θ 分别为生成器 G_ω 和判别器 D_θ 中的训练参数；低分辨率行人图像 **LR** 由相应的大尺度行人真实图像 **HR** 经 4 倍下采样操作得到，共形成 N 对大小尺度的行人图像对；$E(\,)$ 表示分布函数的期望值；$p_{\text{train}}(\mathbf{HR})$ 表示真实图像样本的分布；$p_{\text{G}}(\mathbf{LR})$ 则表示低分辨率图像样本的分布。整个超分辨率网络的对抗性训练过程即为一个最小最大化函数优化问题，当生成器 G_ω 参数固定时，判别器 D_θ 则利用如下损失函数进行优化：

$$\min_{D_\theta}\frac{1}{N}\sum_{i=1}^{N}\left[-\log D_\theta(\mathbf{HR}_i) - \log(1 - D_\theta(G_\omega(\mathbf{LR}_i)))\right] \tag{4-7}$$

当判别器 D_θ 参数固定时，优化生成器 G_ω 的损失函数则由一个内容损失函数 L_{con} 和一个对抗性损失函数 L_{adv} 加权组成：

$$\min_{G_\omega}\frac{1}{N}\sum_{i=1}^{N}\left[\alpha L_{\text{con}}(G_\omega(\mathbf{LR}_i),\mathbf{HR}_i) + \beta L_{\text{adv}}(G_\omega(\mathbf{LR}_i))\right] \tag{4-8}$$

式中，设置权值 $\alpha = 1$、$\beta = 10^{-3}$ 以使内容损失 L_{con} 和对抗性损失 L_{adv} 相平衡。

对于内容损失函数 L_{con}，常用的均方误差 MSE 仅根据生成结果以像素为单位计算欧式距离作为损失，容易使生成结果丢失高频信息，产生过于平滑的图像效果。在 SRGAN 网络中，通过将生成图像和真实图像输入经典的 VGG19 卷积网络，并根据二者在特定卷积层上的激活值计算损失函数，生成的高分辨率图像鲁棒性更强更加逼真。受该损失函数启发，本小节基于预训练的 Inception_v2 网络，取其中'Conv2d_2c'层到'Mixed_4e'层之间的卷积层，即检测网络中用于生成整幅图像特征图的卷积部分，设置了一个内容损失函数 L_{con}，重点关注中间特征层的误差，而不是最终输出结果的逐像素误差，使生成结果在高维特征层上也能保证所生成细节信息的准确性：

$$L_{con}=\frac{1}{WH}\sum_{i=1}^{W}\sum_{j=1}^{H}\left(\boldsymbol{\Phi}(\mathbf{HR})_{i,j}-\boldsymbol{\Phi}(G_{\omega}(\mathbf{LR}))_{i,j}\right)^{2} \tag{4-9}$$

式中，$\boldsymbol{\Phi}$ 表示在'Mixed_4e'层得到的特征图；W、H 表示其相应的特征图维度。

对抗性损失函数 L_{adv} 则根据判别器 D_{θ} 对生成图像的分类结果进行计算：

$$L_{adv}=\log(1-D_{\theta}(G_{\omega}(\mathbf{LR}))) \tag{4-10}$$

4）实验验证

为验证所搭建特征超分辨率重建网络的有效性，本小节利用 INRIA 数据集对其进行了对抗性训练以及初步测试。INRIA 是一个经典的直立行人数据集，包含了较为全面的行人姿态和光照等环境条件，本小节共挑选出 900 张行人高度超过 100 像素的图片作为真实的大尺度行人目标样本，图像尺寸均为 240 像素 ×320 像素，并对其进行 4 倍下采样操作，以生成 60 像素 ×80 像素尺寸的相应低分辨率图像样本，其中小尺度行人目标高度集中在 50 像素以下，最终得到 900 对大小尺度的行人图像对参与超分辨率重建网络的训练。

训练时生成器采用在 Set5、Set14 以及 BSD100 三个数据集上训练的 SRGAN 网络中生成部分参数作为初始化，并设置其中残差块数量为 5，使用 Adam 优化器进行参数学习，判别器则采用 4.2 节行人检测网络中 Inception_v2 部分的训练参数作为初始化，并使用 SGD 随机梯度下降法进行优化学习。所有实验均在 Ubuntu16.04 系统下进行，并使用一个 NVIDIA TITAN XP GPU 进行加速。

再次利用图 4-11 所示的网络结构，取 200 幅不参与训练的 60 像素 ×80 像素行人图像，使用训练完成后的生成器对其进行特征超分辨率重建，为便于对生成效果进行可视化分析，所生成的特征图将被转化为 240 像素 ×320 像素大小的 RGB 图像进行展示分析。同时本节设置了基于 Inception_v2 卷积的内容损失函数，为验证其对行人图像超分辨率化的有效性，另外使用一个将标准 MSE 作为内容损失的基准 SRGAN

网络进行对比分析,其中部分超分辨率生成结果的图像效果如图 4-13 所示。

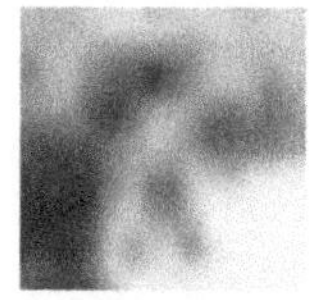

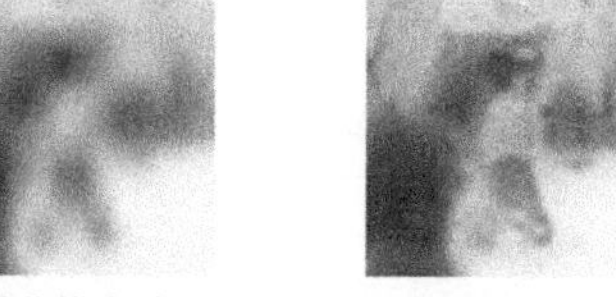

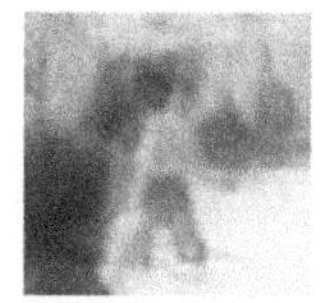

a) 低分辨率输入 60像素×80像素　b) SRGAN-MSE 240像素×320像素　c) 本节超分辨率结果 240像素×320像素　d) 高分辨率目标 240像素×320像素

图 4-13 本节超分辨率网络及基准 SRGAN-MSE 网络的部分行人图像效果

从图 4-13 所示的部分生成结果可以看出,本节所搭建的生成器网络能够有效将小尺度行人图像超分辨率化,重建出的高分辨率图像普遍具有良好的视觉感知质量,不仅能够对高度在 50 像素以下的模糊小尺度行人目标生成清晰而准确的边界形状及内容填充,从而使其更容易被识别判定为行人目标,而且对图像中更细粒度的纹理等细节也能较为准确地恢复,如图 4-13 中方框所标示的远处行人细节,在60 像素 ×80 像素大小的低分辨率输入图像中仅表现为简单的色块,依靠视觉难以识别该区域的图像内容,经超分辨率生成器重建后,在图 4-13c) 中可以较为清晰地分辨出包括目标边缘在内的行人细节,避免了应有的纹理特征被平滑处理,且与图 4-13d) 所示的高分辨率图像真值相符合。

为进一步量化分析本节超分辨率重建网络的有效性,针对生成器最终输出的 RGB 图像结果,采用在单帧图像超分辨率任务中常用的峰值信噪比(Peak Signal to Noise Ratio, PSNR)和结构相似性(Structural Similarity, SSIM)两个指标进行评价分析。

峰值信噪比 PSNR 是广泛使用的一种基于误差敏感的图像质量评价指标,从图像生成结果与图像真值对应像素点间的误差进行评估,其计算方式为:

$$\mathrm{PSNR} = 10\log\frac{(2^n-1)^2}{\mathrm{MSE}} \tag{4-11}$$

式中,MSE 为生成图像 $G_\omega(\mathbf{LR})$ 与真实图像 $\mathbf{HR}$ 间的均方误差;n 为每个像素的比特数,取 $n=8$;(2^n-1) 表示图像像素可能的最大灰度值,针对 RGB 图像则分别计算三通道的 MSE 取均值后代入式(4-11),PSNR 以 dB 为单位,其数值越大表示生成图像失真越小。

结构相似性 SSIM 则从亮度 l、对比度 c 和结构 s 三个方面对生成图像 $G_\omega(\mathbf{LR})$ 与真实图像 **HR** 间的相似性进行度量：

$$\mathrm{SSIM} = l(G_\omega(\mathbf{LR}),\mathbf{HR}) \cdot c(G_\omega(\mathbf{LR}),\mathbf{HR}) \cdot s(G_\omega(\mathbf{LR}),\mathbf{HR}) \tag{4-12}$$

亮度相似性

$$l(G_\omega(\mathbf{LR}),\mathbf{HR}) = \frac{2\mu_{G_\omega(\mathbf{LR})}\mu_{\mathbf{HR}} + c_1}{\mu_{G_\omega(\mathbf{LR})}{}^2 + \mu_{\mathbf{HR}}{}^2 + c_1} \tag{4-13}$$

对比度相似性

$$c(G_\omega(\mathbf{LR}),\mathbf{HR}) = \frac{2\sigma_{G_\omega(\mathbf{LR})}\sigma_{\mathbf{HR}} + c_2}{\sigma_{G_\omega(\mathbf{LR})}{}^2 + \sigma_{\mathbf{HR}}{}^2 + c_2} \tag{4-14}$$

结构相似性

$$s(G_\omega(\mathbf{LR}),\mathbf{HR}) = \frac{\sigma_{G_\omega(\mathbf{LR})\mathbf{HR}} + c_3}{\sigma_{G_\omega(\mathbf{LR})}\sigma_{\mathbf{HR}} + c_3} \tag{4-15}$$

式中，$\mu_{G_\omega(\mathbf{LR})}$、$\mu_{\mathbf{HR}}$分别表示两图像灰度均值；$\sigma_{G_\omega(\mathbf{LR})}$、$\sigma_{\mathbf{HR}}$分别表示两图像灰度方差；$\sigma_{G_\omega(\mathbf{LR})\mathbf{HR}}$则表示两图像的灰度协方差；$c_1=(k_1L)^2$、$c_2=(k_2L)^2$、$c_3=c_2/2$ 均为常数，一般取 $k_1=0.01$、$k_2=0.03$、$L=255$。SSIM 的取值范围为[0,1]，其数值越大表示生成图像与图像真值间的相似度越高。

基于该两种图像质量指标，对本节超分辨率网络与 SRGAN-MSE 网络的生成结果评价见表 4-2。

本节超分辨率网络与基准 SRGAN-MSE 生成图像评价结果　　表 4-2

项　目	本节超分辨率网络	基准 SRGAN-MSE 网络
PSNR	27.46	29.02
SSIM	0.6851	0.7163

虽然基于 MSE 损失的 SRGAN 网络生成的超分辨率图像具有相当高的 PSNR 值，与真值图像间的 SSIM 相似程度也较高，但其生成图像在视觉感知上过度平滑，对于纹理细节的恢复也存在较多伪影，这是由于 MSE 误差以及 PSNR、SSIM 两种评价指标均基于像素层面，并未考虑图像的视觉空间特性，因此指标的评价结果常与视觉感知情况不一致。而本节所搭建的超分辨率网络生成结果不仅具有良好的图像视觉效果，而且在基于像素的评价指标中也能体现出较高的图像质量。

4.4 基于超分辨率特征的小尺度行人识别方法

4.2 节所搭建的通用尺度行人检测网络 Faster R-Inception 能够对高度在 100

像素以上的较大尺度目标具有良好的检测性能，但难以准确检测高度在100像素以下的小尺度行人目标。大尺度与小尺度行人目标间的检测性能差异较大，其根本原因在于小尺度行人目标不仅自身能供给卷积网络提取的图像特征少，而且特征所包含的语义信息弱，检测网络难以准确学习到对小尺度行人具有判别性的特征，导致检测准确率和召回率低，因此4.3节搭建并训练了一个超分辨率网络用于增强特征图的细节信息表征，生成更加丰富有效的小尺度行人目标特征图。本章重点关注路侧视角下的小尺度行人目标，基于前两节的研究内容，将超分辨率生成器子网与Faster R-Inception检测网络结构相结合，取粗选出的目标框候选区域ROIs，对其区域特征图进行超分辨率重建，经过4.3节对生成器的训练，重建出的特征在提高分辨率的同时也有利于检测网络进行识别判断，最后根据ROIs特征图中更加细粒度的行人特征进行精确的回归定位，最终形成了针对小尺度行人的检测网络Faster R-Inception + SR，从增强特征信息表达的角度改善网络对小尺度行人的检测性能。仅在检测网络中添加了以残差块为主体结构的简单生成器网络，没有引入过多的网络参数和计算量，有利于适应在路侧端应用时对检测速度的要求。

4.4.1　检测网络整体结构

针对龙门架视角下的人行横道线区域场景，图像中的行人均表现为高度在100像素以下的小尺度目标，因此本章不考虑检测性能良好的较大尺度行人目标。根据候选区域生成网络RPN输出的所有ROIs区域位置，抽取Inception_v2特征提取阶段中的浅层特征图而不是卷积结构最终输出的深层特征图，经简单3×3卷积后映射至各ROIs区域中，并同样使用ROI Align策略分别进行各区域的浅层特征聚集，统一将尺寸固定为7×7大小，从而送入经4.3节训练后的生成器网络进行四倍放大的超分辨率重建。此时生成器仅包括5个堆叠的残差块、一个用于特征过渡的简单3×3卷积，以及两个用于放大分辨率的像素重组层（PixelShuffler），生成器的输入输出均为ROIs特征图，不包括对抗性训练时特征图与RGB图像相互转换的过程。重建出的高分辨率区域特征用于输入后续两个全连接层和softmax函数，进行最终各目标框的分类和精确回归定位。基于超分辨率特征重建的小尺度行人检测网络总体结构如图4-14所示。

从Inception_v2网络中所提取的浅层特征图，由输入的RGB图像仅经过一个7×7的分离式卷积、一个3×3的最大池化和一个3×3的常规卷积得到，对于尺寸为$H\times W\times3$的输入图像，此时该浅层特征图的尺寸为$(H/4)\times(W/4)\times64$。其中所用到的分离式卷积操作将卷积计算拆分为两个步骤:先保持输入通道数不变,利用 7×7 的卷积核计算特征,再保持特征图大小不变,利用 1×1 的卷积核改变特征图的深度,与常规卷积相比,这种分离式卷积仅需要相当少的参数量就能得到相同维度的特征图,尤其是当输入图像尺寸较大时,可以显著减少卷积计算量。

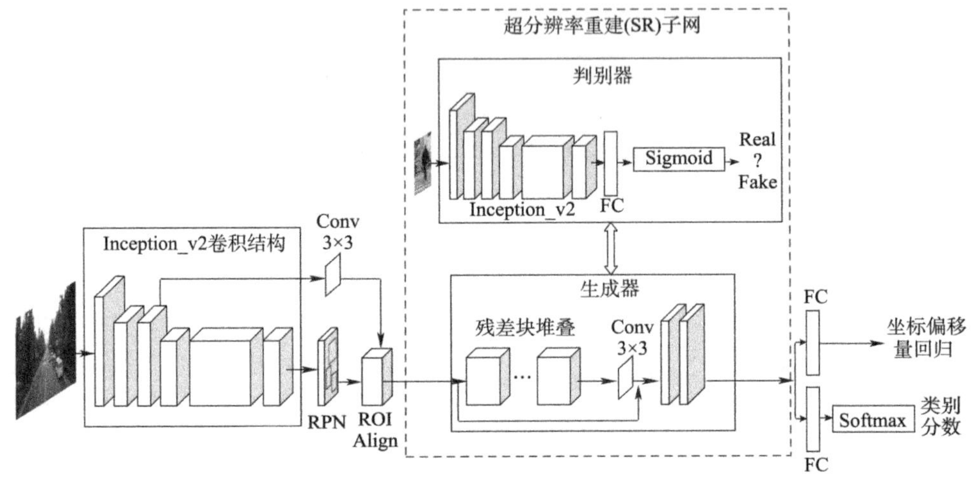

图 4-14　基于超分辨率特征的小尺度行人检测网络结构

与 Inception_v2 最后输出的深层特征图相比,所抽取的浅层特征图对其中的语义信息不敏感,不足以支持后续网络对行人目标进行准确的识别分类,因此仍依据具有强语义性和鲁棒性的深层特征图进行目标候选区域 ROIs 的生成,但该浅层特征图的分辨率相对较高,对于小尺度行人目标的位置信息保留更为丰富,有助于后续网络进行精确的回归定位,因此基于该浅层特征图,将其中的候选区域部分送入生成器网络进行四倍放大因子的超分辨率重建,进一步添加关于行人目标的细粒度特征,使网络对小尺度行人的检测性能得到提升。

4.4.2　检测网络损失函数

对本章的小尺度行人检测网络进行训练时,网络中的超分辨率生成部分直接采用 4.3 节中经对抗性训练得到的生成器 G_{ω} 参数,并作为固定参数,不参与检测网络其余参数的训练。网络中的特征提取 Inception_v2 卷积网络、候选区域生成 RPN 网络等其余部分则均采用 4.2 节中 Faster R-Inception 网络的相应部分参数作为初始化进行训练。

小尺度行人检测网络最后经一个全连接层和 Softmax 函数计算输出每个检测框的类别概率分数 $\boldsymbol{p}=(p_0,p_1)$,以及另一个全连接层预测输出的各边框坐标

回归偏移量 $\boldsymbol{r}=(r_x,r_y,r_w,r_h)$，分别表示检测框中心点坐标以及宽高尺寸四个维度上的偏移量，每个检测框对应的真实类别标签为 g，其中 $g=1$ 为行人目标，$g=0$ 为背景，与真值目标框之间的实际坐标偏移量表示为 $\boldsymbol{r}^*$，且与预测量 $\boldsymbol{r}$ 的维度相同。小尺度行人检测网络的总损失函数 L 由分类损失 L_{cls} 和回归损失 L_{reg} 两部分组成：

$$L=L_{\mathrm{cls}}(\boldsymbol{p},g)+[g=1]L_{\mathrm{reg}}(\boldsymbol{r},\boldsymbol{r}^*) \tag{4-16}$$

式中，分类损失 $L_{\mathrm{cls}}(\boldsymbol{p},g)=-\log p_g$ 为对应的真实类别概率分数的对数损失；回归损失 $[g=1]L_{\mathrm{reg}}(\boldsymbol{r},\boldsymbol{r}^*)$ 仅考虑行人目标框，并计算其坐标偏移量的 smooth L1 损失：

$$L_{\mathrm{reg}}(\boldsymbol{r},\boldsymbol{r}^*)=\sum_{i\in\{x,y,w,h\}}S_{\mathrm{L1}}(r_i-r_i^*) \tag{4-17}$$

$$S_{\mathrm{L1}}(x)=\begin{cases}0.5x^2 & 当|x|<1\\ |x|-0.5 & 其余\end{cases} \tag{4-18}$$

本章针对 Faster R-Inception + SR 小尺度行人的检测网络在训练时并没有使用纯粹的端到端训练方式，而是先将包括生成器和判别器在内的超分辨率子网进行单独的对抗性预训练，再固定器生成器参数进行整体检测网络的训练。一部分从特征增强层面对目标检测性能进行改善的网络，如 SOD-MTGAN（Small Object Detection Via Multi-Task Generative Adversarial Network），设计了检测部分网络与超分辨率判别器网络一体化的结构，并利用一个复杂的损失函数对整体网络以端到端的方式进行统一训练，在理论上是可行的，同时也可以简化网络架构的设计。但本章的超分辨率子网部分是基于生成对抗网络思想建立的，生成器结果具有较强的随机性，本身的对抗性训练难度较大，训练过程中容易产生模式崩溃且无法保证能够收敛至全局最优，与检测部分网络统一进行端到端训练无疑将会进一步增加训练难度，实际可操作性不强。除此之外，纯粹的端到端训练方式仅从样本数据中进行自我学习，排除所有人工干预的因素，因此这种网络训练的方式往往需要依靠大量的数据来保证网络能够准确学习从输入到输出的复杂映射，而在目前关于行人的公开数据集中，多为车载端角度拍摄，少有重点关注小尺度行人目标的大规模标注数据，因此针对本章的应用场景，4.2 节中以龙门架视角采集制作了关于小尺度行人的数据集，共挑选出了 1200 幅有效图像来组成训练集和测试集，数据规模较小，若设计纯粹端到端的方式将超分辨率部分与检测部分统一训练，很容易造成网络参数的过拟合，实际应用时难以保持可靠的鲁棒性。综上，本章采取可行性更强的分模块单独训练方式实现整体网络参数的学习。

4.5 验证与分析

针对4.4节中所搭建的小尺度行人目标检测网络Faster R-Inception + SR,为验证该网络对路侧视角下小尺度行人检测性能的有效改善,本节基于应用条件进行了实际训练及测试,并对相应的实验结果进行了分析。所有实验均在Ubuntu16.04操作系统下进行,所用计算平台搭载Intel至强E3系列CPU、48GB内存,并使用一个NVIDIA TITAN XP GPU进行加速。

4.5.1 数据集介绍

1)混合训练数据集

本章主要在城市交通场景下,研究路侧端应用的针对小尺度行人目标的检测,因此在4.2节中模拟所应用的龙门架视角对人行横道线区域的图像进行了采集,并标注制作为共1200帧的路侧小尺度行人数据集,选取其中1000帧作为训练数据集,原始图像分辨率为1920×1080,其中行人目标高度均在100像素以下,且多集中在30~50像素之间。

为扩大训练数据集规模,同时进一步丰富数据集内容以避免训练过拟合现象,本章在自行采集的图像数据基础上增加部分适当的公开数据共同组成最终的训练数据集。目前已有的公开行人数据集主要包括MIT数据集、Daimler数据集、Caltech数据集以及CUHK数据集等。其中,MIT数据集和Daimler数据集中虽然行人目标高度基本保持在100像素以下,但训练所用图像仅包含行人部分内容,未涉及本章所应用的交通场景环境内容,而CUHK数据集是由校园环境中固定的监控摄像机采集得到的,其中的行人大多为高度100像素以上的大尺度目标,主要用于存在大量遮挡情况下的行人检测研究,此外MIT数据集以及CUHK数据集分别包含924幅和1063幅行人图像,其数据量规模也较小。Caltech是目前较为广泛应用的大规模行人数据集,共有约250000帧交通场景图像,且图像分辨率较低,为640像素×480像素,虽然全部以车载端视角进行拍摄,但其中也标注了相对较多的小尺度行人目标,常被用于评估检测网络对较小尺度行人目标的性能,因此本章在Caltech数据集中筛选出部分主要包含小尺度行人的图像作为训练数据集的补充,为避免数据集内容的不均衡,仅选取1500帧Caltech图像和1000帧龙门架视角采集的路侧小尺度行人图像作为训练所用的混合数据集。

2)测试数据集

本章的测试数据集分为两部分,测试数据集 A 仅由 200 帧不参与训练的路侧小尺度行人图像组成,主要用于测试网络应用在龙门架视角下时的行人检测性能,验证超分辨率特征对小尺度行人检测性能改善的有效性,测试数据集 B 则由不参与训练的 500 帧 Caltech 中筛选出的较小尺度行人图像组成,主要用于测试网络在部分通用数据集上的检测性能,便于与 Caltech 数据集上表现优秀的其他网络进行对比分析。

4.5.2 实验内容与评价指标

1)实验内容设置

(1)超分辨率特征的检测有效性实验。

首先验证重建出的超分辨率特征能够对小尺度行人检测性能进行提升,将 4.4 节搭建的小尺度行人检测网络与 4.2 节通用尺度的行人检测网络在测试集 A 上表现的性能效果进行对比分析。在训练过程中,根据所用计算平台的内存使用状况,均设置批次大小 Batch Size 为 5,共进行 100000 次迭代训练,初始学习率 Learning Rate 设置为 0.0002,衰减因子 Decay Rate 为 0.1,随着训练的进行而逐渐减小,设置较小的学习率参数可以使网络参数相对缓慢地收敛,不容易振荡发散。

(2)基于超分辨率特征的网络检测优越性实验。

其次为进一步验证本章基于超分辨率特征的网络对小尺度行人检测性能的优越性,将本章在测试集 B 上所表现的性能结果与 RPN + BF、MSCNN 等在 Caltech 数据集中有优秀性能表现的网络进行对比分析。与本章相同,RPN + BF 网络及 MSCNN 网络均为从基准 Faster R-CNN 结构发展形成的小尺度行人检测网络。由于 Caltech 数据图像中包含较多行人聚集、遮挡等情况,RPN + BF、MSCNN 等若干网络仅主要关注了在该数据集上的检测召回率性能,因此本章基于 Caltech 数据集重点进行与其他检测网络的召回率性能对比实验。

2)实验评估指标

根据网络对每个目标框的检测结果及其相应的真值标签,所有检测结果可以标记为如下四种类型(表 4-3)。

检测结果标记类型　　表 4-3

项　目	预测结果为正类(Positive)	预测结果为负类(Negative)
预测结果正确(True)	真正例(TP)	真反例(TN)
预测结果错误(False)	假正例(FP)	假反例(FN)

其中,对于小尺度行人目标,当输出的检测框与真值框重叠区域超过50%时即认为是正确的检测结果。根据本章检测网络在路侧端应用的实际需求,主要从检测准确率(Precision)、召回率(Recall)和平均检测时间三个指标对网络性能进行分析。

(1)检测准确率。表示为所有检测结果中预测正确的样本比例:

$$P=\frac{\mathrm{TP}}{\mathrm{TP}+\mathrm{FP}} \tag{4-19}$$

(2)检测召回率。表示为所有标注的正样本中被正确检测的样本比例:

$$R=\frac{\mathrm{TP}}{\mathrm{TP}+\mathrm{FN}} \tag{4-20}$$

(3)平均检测时间。检测网络在实验平台上处理一帧图像所用的平均时间,在路侧端实际应用时的输入从为监控视频中抽取的图像序列,且检测结果需转化为视频形式实时输出,并为智能车路系统中的更高级别功能进一步服务,因此检测功能的实时性能也是重要的评价指标之一。

4.5.3 结果与分析

1)超分辨率特征的检测有效性实验

将基准 Faster R-CNN 网络、通用尺度行人检测网络 Faster R-Inception 以及基于超分辨率特征的小尺度行人检测网络 Faster R-Inception + SR 均在混合训练数据集上再次训练,各网络在路侧小尺度测试数据集 A 上的检测结果见表4-4。

网络在测试数据集 A 上的性能表现　　表4-4

网络模型	准确率(%)	召回率(%)	平均检测时间(ms)
Faster R-CNN	47.4	50.8	247
Faster R-Inception	56.4	57.0	68
Faster R-Inception + SR	68.9	66.3	96

其中,基准 Faster R-CNN、Faster R-Inception 与 Faster R-Inception + SR 网络在测试集 A 上的部分检测结果如图4-15和图4-16所示。

从表4-4中可以看出,本章 Faster R-Inception + SR 网络中生成器所重建出的高分辨率特征能够对小尺度行人目标进行有效表征,且由于该高分辨率特征的引入,以及所用浅层特征图中保留了较多的目标位置信息,Faster R-Inception + SR 网络对龙门架路侧视角下的小尺度行人检测准确率和召回率均有很大的提升,与针对通用尺度行人目标的 Faster R-Inception 网络相比,在该小尺度数据集上的检测准确率提升12.5%,召回率提升9.3%。同时由于超分辨率特征生成过程的添加,

Faster R-Inception + SR 网络对图像的平均处理时间有所增加，但仍能以大于 10fps 的平均速度处理 1920 像素 ×1080 像素尺寸的输入图像。

a) Faster R-Inception + SR

b) Faster R-Inception

c) 基准Faster R-CNN

图 4-15　各网络在测试集 A 中场景 1 下的检测结果

根据图 4-15 中展示的部分检测效果图，Faster R-Inception + SR 能够根据重建出的高分辨率特征，将其中小部分被车辆遮挡的行人目标较为准确地检测出来，而针对通用尺度行人的 Faster R-Inception 网络和基准 Faster R-CNN 网络均对该目标发生漏检。同时，针对图像中小尺度行人相对密集的部分，Faster R-Inception + SR

网络也能实现较为准确的检测效果，而未使用超分辨率特征的网络则难以对其进行精确的定位，由此可以看出，卷积网络的深层特征中对小尺度目标的位置信息不足，无法据此产生可靠的检测定位结果。从图 4-16 所示的检测结果中可以看出，未使用超分辨率特征的 Faster R-Inception 网络在该图像中发生了一例错误检测，将一个特征相似度较高的非机动车驾驶样本与行人样本混淆，而 Faster R-Inception + SR 则能够在局部复杂环境下将该负样本准确判断为背景。

a) Faster R-Inception + SR

b) Faster R-Inception

c) 基准Faster R-CNN

图 4-16　各网络在测试集 A 中场景 2 下的检测结果

综上所述,本章搭建的超分辨率网络能够生成有利于目标检测的高分辨率特征图,针对路侧端下的应用场景,能够有效改善网络对高度为100像素以下小尺度行人目标的检测准确率和召回率性能,同时仍能保持10fps以上的检测处理速度。

2)基于超分辨率特征的网络检测优越性实验

将基于超分辨率特征的小尺度行人检测网络 Faster R-Inception + SR 在测试集 B 上的检测结果与 Caltech 数据集中效果良好的 RPN + BF 网络和 Faster R-CNN + ATT 网络性能进行比较。RPN + BF 网络发现 Faster R-CNN 对行人目标的检测性能明显低于通用类型的目标,其原因在于:

(1)行人目标的尺寸较小,用于后续分类的特征图分辨率较低。

(2)行人检测中的假阳性误检受背景干扰较多;因此使用了一个人工设计的级联二叉树结构(Cascaded Boosted Forest)作为分类器直接训练候选区域网络 RPN 生成的深度卷积特征,是一种将深度学习特征与人工设计分类器相结合的混合式方法。

MSCNN 网络由一个候选框生成子网和目标检测子网组成。主要针对多尺度目标同时存在的情况,利用卷积网络中各层输出的特征图尺度及其不同的感受野大小,在多个卷积层上进行不同尺度的候选框预测,并在检测子网中对特征图使用反卷积操作来放大分辨率,替代对图像的上采样,减少网络对内存的占用,同时添加候选框1.5倍大小的上下文区域特征,并通过一个降维的卷积来压缩冗余,进一步减少了参数,能够实现对多尺度目标的快速检测。

根据 RPN + BF 网络和 MSCNN 网络在 Caltech 数据集上表现出的检测性能,将本章基于超分辨率特征的小尺度行人检测网络 Faster R-Inception + SR 在测试数据集 B 上表现出的性能进行比较,由于多数在 Caltech 数据集上进行检测试验的网络均未提供其检测准确率性能,因此主要根据各网络的检测召回率性能以及检测所用时间进行对比分析,其中本章 Faster R-Inception + SR 网络仅在小尺度行人数据集 B 中进行了实验。具体结果见表4-5。

各网络在 Caltech 数据集上的检测性能表现 表4-5

网络模型	召回率(%)		平均检测时间(ms)
	小尺度	较大尺度	
RPN + BF	64.12	90.4	50
MSCNN	60.51	90.0	<67
Faster R-Inception + SR	68.6	—	62

其中,本章 Faster R-Inception + SR 网络所用测试数据集 B 是由 Caltech 中筛选出的包含小尺度行人目标的部分图像数据组成,规模较小,仅有 500 幅图像,而 RPN + BF 网络和 MSCNN 网络则默认为使用 Caltech 官方建议的测试集,包括 66 条 1min 长的视频,共 118800 幅图像数据,规模较大,因此在实际对比分析过程中可能存在微小的偏差。

本章 Faster R-Inception + SR 检测网络在测试集 B 上的部分检测效果如图 4-17 所示。

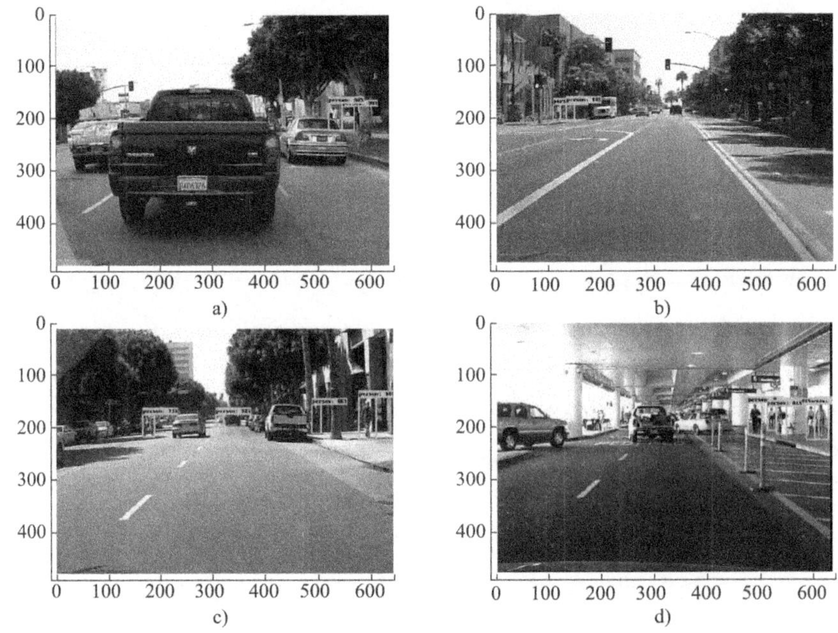

图 4-17 Faster R-Inception + SR 网络在测试集 B 上的部分检测效果

根据表 4-5 可以看出,本章基于超分辨率特征的检测网络 Faster R-Inception + SR 在 Caltech 数据集上,与基于多尺度特征预测的 MSCNN 网络以及将深度学习特征与人工设计分类器相结合的 RPN + BF 网络相比,仍具有一定的竞争力。相对于在不同尺度特征图上进行分别检测的方式,本章 Faster R-Inception + SR 网络同时考虑了浅层特征图中的位置信息以及深层特征图中的语义信息,且经超分辨率生成的特征也能有利于行人目标的检测,涉及的冗余特征较少,因此可以实现具有竞争力的检测召回率性能。RPN + BF 网络在不同尺度行人目标中的性能差异,说明引入人工设计分类器的方法在一定程度上有助于背景中负样本的区分,可以改善误检问题,但对于小尺度行人目标的低分辨率特征问题的效果较弱。除此之外,本章 Faster R-Inception + SR 网络主要得益于 Inception_v2 卷积网络的使用,减少了网络参数量,使检测速度性能在 Caltech 数据集中仍具有一定的优势,对于 640 × 480 的输入图像能够以大于 16fps 的速度进行处理。

综上所述,本章基于超分辨率特征的小尺度行人检测网络 Faster R-Inception + SR 训练了一个能够将小尺度行人目标特征进行有效超分辨率重建的子网,且重建特征有利于检测网络的定位和识别分类,并充分考虑了浅层网络中所包含的小尺度行人位置信息,通过超分辨率重建进一步添加了相应的细粒度特征,最终通过实验证明,本章的 Faster R-Inception + SR 网络能够在路侧应用场景下有效提升对小尺度行人的检测准确率和召回率性能,同时保证了一定的检测速度。

4.6 本章总结与展望

4.6.1 总结

准确、可靠的小尺度行人识别是智能驾驶环境感知系统的关键功能。本章主要基于超分辨率思想研究了在路侧端视角下的基于视觉传感器的行人检测技术。主要工作如下:

(1)基于深度学习领域典型的两步检测网络架构搭建了高效的通用尺度行人目标检测网络 Faster R-Inception。

(2)针对小尺度行人检测性能较弱的问题,基于生成对抗思想搭建了行人特征超分辨率重建子网,为较低分辨率的特征图补充细节信息。

(3)将通用尺度的行人检测网络与超分辨率生成器相结合,从增强特征信息表征的角度提升网络对路侧视角下小尺度行人的检测性能,形成 Faster R-Inception + SR 网络。

(4)设计并开展了相关实验,对提出的方法进行验证、评估和分析。实验表明,该方法能对路侧端视角下的小尺度行人目标进行准确有效的检测,同时保证了一定的检测速度。

4.6.2 展望

目前,智能车路系统正在成为智慧交通领域的研究热点,其中关于路侧端应用的环境感知技术仍有大量亟待解决的关键技术。本章主要为提高路侧视角下行人的检测性能，研究了基于超分辨率特征的小尺度行人检测网络，并通过相关的实验验证了网络的有效性，但以下问题仍有待进一步研究：

（1）本章以生成对抗网络的思想为基础搭建了超分辨率网络，训练时生成器的输出具有较强的随机性，且这种网络架构相对不稳定，在训练过程中常出现模式崩溃或生成结果质量较低的问题，训练难度较大。可以后续再进一步研究能够有效稳定超分辨率网络训练以及约束生成器结果的方法，进一步提升超分辨率特征质量。

（2）未来的研究中应针对夜间光照不足以及雨雪等恶劣天气这些情况采取相应的措施，进一步研究提升基于视觉的行人目标检测网络的鲁棒性以及环境适应能力。

参 考 文 献

[1] 张毅,姚丹亚. 基于车路协同的智能交通系统体系框架[M]. 北京:电子工业出版社,2015.

[2] 冉斌,张健. 交通运输前沿技术导论[M]. 北京:科学出版社,2017.

[3] ROW S J. Intellidrive:safer,smarter,greener[J]. Public roads,2010,74(1).

[4] MAKINO H. Smartway project[J]. Development,2005,2005.

[5] CVIS [EB/OL]. http://www.cvisproject.org/.

[6] SAFESPOT [EB/OL]. [2010-43-23]. http://www.safespot-eu.org/.

[7]《中国公路学报》编辑部. 中国汽车工程学术研究综述·2017[J]. 中国公路学报,2017,30(06):1-197.

[8] 清华大学智能产业研究院,百度 Apollo. 面向自动驾驶的车路协同关键技术与展望[R],2021.

[9] 杜豫川,刘成龙,吴荻非,等. 新一代智慧高速公路系统架构设计[J]. 中国公路学报,2021:1-19.

[10] 岑晏青,宋向辉,王东柱,等. 智慧高速公路技术体系构建[J]. 公路交通科技,2020,37(07):111-121.

[11] 江苏省交通运输厅. 江苏省智慧高速公路建设技术指南:JSITS/T 0001—2020[S]. 江苏:江苏省交通运输厅,2020.

[12] 张纪升,李斌,王笑京,等. 智慧高速公路架构与发展路径设计[J]. 公路交通科技,2018,35(01):88-94.

[13] 钟志华. 深化改革开放　促进创新创业　坚定不移推动科技与经济社会发展互融并进——在 2012 年全市科技工作会上的报告(摘要)[J]. 科学咨询(科技·管理),2012,(02):5-10.

[14] 向敬成,张明友. 毫米波雷达及其应用[M]. 北京:国防工业出版社,2005.

[15] 黄德双,韩月秋. 基于位置相关的高分辨雷达目标检测方法[J]. 电子科学学刊,1997,19(5):584-590.

[16] 赵一鸣,李艳华,商雅楠,等. 激光雷达的应用及发展趋势[J]. 遥测遥控,2014,(5):4-22.

[17] 王煜东. 传感器及应用[M]. 北京:机械工业出版社,2004.

[18] 马艳阳,叶梓豪,刘坤华,等. 基于事件相机的定位与建图算法:综述[J]. 自动化学报,2020,47(7):1484-1494.

[19] 胡正平,杨建秀. HOG 特征混合模型结合隐 SVM 的感兴趣目标检测定位算法[J]. 信号处理,2011,27(8):1206-1212.

[20] 董永坤,王春香,薛林继,等. 基于 TLD 框架的行人检测和跟踪[J]. 华中科技大学学报:自然科学版,2013,(S1):226-228.

[21] 李志华,陈耀武. 基于多摄像头的目标连续跟踪[J]. 电子测量与仪器学报,2009,23(2):46-51.

[22] LIU W, ZHAO W, LI C, et al. Detecting small moving target based on the improved ORB feature matching[J]. Opto-Electronic Engineering,2015,42(10):13-20.

[23] 桑农,李正龙,张天序. 人类视觉注意机制在目标检测中的应用[J]. 红外与激光工程,2004,33(1):38-42.

[24] 梁英宏. 基于 Gabor 变换和 Adaboost 算法的人体目标检测分类器[J]. 计算机工程与设计,2009,(24):5790-5792.

[25] 李小红,谢成明,贾易臻,等. 基于 ORB 特征的快速目标检测算法[J]. 电子测量与仪器学报,2013,27(5):455-460.

[26] REDMON J, DIVVALA S, GIRSHICK R, et al. You only look once: Unified, real-time object detection[C]. Proceedings of the IEEE conference on computer vision and pattern recognition,2016:779-788.

[27] LIU W, ANGUELOV D, ERHAN D, et al. Ssd: Single shot multibox detector[C]. European conference on computer vision,2016:21-37.

[28] REN S, HE K, GIRSHICK R, et al. Faster r-cnn: Towards real-time object detection with region proposal networks[J]. arXiv preprint arXiv:1506.01497,2015.

[29] CAI Z, VASCONCELOS N. Cascade r-cnn: Delving into high quality object detection[C]. Proceedings of the IEEE conference on computer vision and pattern recognition,2018:6154-6162.

[30] SIMONYAN K, ZISSERMAN A. Very deep convolutional networks for large-scale image recognition[J]. arXiv preprint arXiv:1409.1556,2014.

[31] RONNEBERGER O, FISCHER P, BROX T. U-net: Convolutional networks for biomedical image segmentation[C]. International Conference on Medical image computing and computer-assisted intervention,2015:234-241.

[32] 孙吉贵,刘杰,赵连宇. 聚类算法研究[J]. 软件学报,2008,19(1):48-61.

[33] 王亚丽. 基于毫米波雷达与机器视觉融合的前方车辆检测研究[D]. 吉林:吉林大学,2013.

[34] 刘大学. 用于越野自主导航车的激光雷达与视觉融合方法研究[D]. 北京:国防科学技术大学.

[35] PETROVSKAYA A, THRUN S. Model based vehicle detection and tracking for autonomous urban driving[J]. Autonomous Robots,2009,26(2):123-139.

[36] CHENG J, XIANG Z, CAO T, et al. Robust vehicle detection using 3D Lidar under complex urban environment[C]. 2014 IEEE International Conference on Robotics and Automation (ICRA),2014:691-696.

[37] SPINELLO L, ARRAS K, TRIEBEL R, et al. A layered approach to people detection in 3d range data[C]. Proceedings of the AAAI Conference on Artificial Intelligence,2010.

[38] ZHOU Y, TUZEL O. Voxelnet: End-to-end learning for point cloud based 3d object detection[C]. Proceedings of the IEEE Conference on Computer Vision and Pattern Recognition,2018:4490-4499.

[39] GRAHAM B. Sparse 3D convolutional neural networks[J]. arXiv preprint arXiv:1505.02890,2015.

[40] LI B, ZHANG T, XIA T. Vehicle detection from 3d lidar using fully convolutional network[J]. arXiv preprint arXiv:1608.07916,2016.

[41] MINEMURA K, LIAU H, MONRROY A, et al. LMNet: Real-time multiclass object detection on CPU using 3D LiDAR[C]. 2018 3rd Asia-Pacific Conference on Intelligent Robot Systems (ACIRS),2018:28-34.

[42] QI C R, SU H, MO K, et al. Pointnet: Deep learning on point sets for 3d classification and segmentation[C]. Proceedings of the IEEE conference on computer vision and pattern recognition,2017:652-660.

[43] QI C R, YI L, SU H, et al. Pointnet + +: Deep hierarchical feature learning on point sets in a metric space[J]. arXiv preprint arXiv:1706.02413,2017.

[44] SHI S, WANG X, LI H. Pointrcnn: 3d object proposal generation and detection from point cloud[C]. Proceedings of the IEEE/CVF conference on computer vision and pattern recognition,2019:770-779.

[45] YANG Z, SUN Y, LIU S, et al. Std: Sparse-to-dense 3d object detector for point

cloud[C]. Proceedings of the IEEE/CVF International Conference on Computer Vision,2019:1951-1960.

[46] ZHANG F,CLARKE D,KNOLL A. Vehicle detection based on LiDAR and camera fusion[C]. 17th International IEEE Conference on Intelligent Transportation Systems (ITSC),2014:1620-1625.

[47] SUGIMOTO S, TATEDA H, TAKAHASHI H, et al. Obstacle detection using millimeteR-wave radar and its visualization on image sequence[C]. Proceedings of the 17th International Conference on Pattern Recognition, 2004. ICPR 2004. , 2004:342-345.

[48] JEONG J,YOON T S,PARK J B. Multimodal sensor-based semantic 3D mapping for a large-scale environment[J]. Expert Systems with Applications,2018,105: 1-10.

[49] ASVADI A,GARROTE L,PREMEBIDA C,et al. Multimodal vehicle detection: fusing 3D-LIDAR and color camera data[J]. Pattern Recognition Letters,2018, 115:20-29.

[50] GAO H,CHENG B,WANG J,et al. Object classification using CNN-based fusion of vision and LIDAR in autonomous vehicle environment[J]. IEEE Transactions on Industrial Informatics,2018,14(9):4224-4231.

[51] LIANG M,YANG B,CHEN Y,et al. Multi-task multi-sensor fusion for 3d object detection[C]. Proceedings of the IEEE/CVF Conference on Computer Vision and Pattern Recognition,2019:7345-7353.

[52] 李德毅. 新一代人工智能十问[J]. 智能系统学报,2020,15,81(01):3-3.

[53] 王斯盾. 毫米波防撞雷达发展现状与行业趋势[J]. 科技与创新,2017,000(023):61-62.

[54] WEN X,SHAO L,FANG W,et al. Efficient feature selection and classification for vehicle detection[J]. IEEE Transactions on Circuits and Systems for Video Technology,2014,25(3):508-517.

[55] XU Y, YU G, WANG Y, et al. A hybrid vehicle detection method based on violajones and HOG + SVM from UAV images[J]. Sensors,2016,16(8):1325.

[56] YANG F, CHOI W, LIN Y. Exploit all the layers: Fast and accurate cnn object detector with scale dependent pooling and cascaded rejection classifiers[C]. Proceedings of the IEEE conference on computer vision and pattern recognition,

2016:2129-2137.

[57] REN J, CHEN X, LIU J, et al. Accurate single stage detector using recurrent rolling convolution[C]. Proceedings of the IEEE conference on computer vision and pattern recognition,2017:5420-5428.

[58] CHABOT F,CHAOUCH M,RABARISOA J,et al. Deep manta:A coarse-to-fine many-task network for joint 2d and 3d vehicle analysis from monocular image [C]. Proceedings of the IEEE conference on computer vision and pattern recognition,2017:2040-2049.

[59] HU X, XU X, XIAO Y, et al. SINet: A scale-insensitive convolutional neural network for fast vehicle detection [J]. IEEE transactions on intelligent transportation systems,2018,20(3):1010-1019.

[60] DAN L,JIANFENG S,QI L,et al. 3D pose estimation of target based on ladar range image[J]. 红外与激光工程,2015,44(4):1115-1120.

[61] GU J, WANG Y, CHEN L, et al. A Reliable Road Segmentation and Edge Extraction for Sparse 3D Lidar Data [C]. 2018 IEEE Intelligent Vehicles Symposium (IV),2018:1452-1457.

[62] 程健. 基于三维激光雷达的实时目标检测[D]. 杭州:浙江大学,2014.

[63] SHEN J,HAO X,LIANG Z,et al. Real-time superpixel segmentation by DBSCAN clustering algorithm[J]. IEEE transactions on image processing,2016,25(12): 5933-5942.

[64] SUN Z,BEBIS G,MILLER R. On-road vehicle detection using Gabor filters and support vector machines[C]. 2002 14th International Conference on Digital Signal Processing Proceedings. DSP 2002 (Cat. No. 02TH8628),2002:1019-1022.

[65] 陈鸿翔. 基于卷积神经网络的图像语义分割[D]. 杭州:浙江大学,2016.

[66] LIU F,LIN G,SHEN C. CRF learning with CNN features for image segmentation [J]. Pattern Recognition,2015,48(10):2983-2992.

[67] KRäHENBüHL P, KOLTUN V. Efficient inference in fully connected crfs with gaussian edge potentials[J]. Advances in neural information processing systems, 2011,24:109-117.

[68] ZHENG S,JAYASUMANA S,ROMERA-PAREDES B,et al. Conditional random fields as recurrent neural networks[C]. Proceedings of the IEEE international conference on computer vision,2015:1529-1537.

[69] 范小辉,许国良,李万林,等.基于深度图的三维激光雷达点云目标分割方法[J].中国激光,2019,46(7):0710002.

[70] 曹东华.基于深度图像绘制中的空洞填充[D].重庆:重庆大学,2016.

[71] LI J,LIANG X,WEI Y,et al. Perceptual generative adversarial networks for small object detection[C]. Proceedings of the IEEE conference on computer vision and pattern recognition,2017:1222-1230.

[72] FANG L, ZHAO X, ZHANG S. Small-objectness sensitive detection based on shifted single shot detector[J]. Multimedia Tools and Applications, 2019, 78(10):13227-13245.

[73] ZHOU P, NI B, GENG C, et al. Scale-transferrable object detection[C]. proceedings of the IEEE conference on computer vision and pattern recognition, 2018:528-537.

[74] LAW H, DENG J. Cornernet: Detecting objects as paired keypoints[C]. Proceedings of the European conference on computer vision (ECCV), 2018: 734-750.

[75] LIU W, LIAO S, REN W, et al. High-level semantic feature detection: A new perspective for pedestrian detection[C]. Proceedings of the IEEE/CVF Conference on Computer Vision and Pattern Recognition,2019:5187-5196.

[76] TIAN Z, SHEN C, CHEN H, et al. Fcos: Fully convolutional one-stage object detection[C]. Proceedings of the IEEE/CVF International Conference on Computer Vision,2019:9627-9636.

[77] 雷章明.复杂环境下基于多特征融合的车辆检测方法研究[D].江西:华东交通大学,2013.

[78] VAQUERO V, DEL PINO I, MORENO-NOGUER F, et al. Deconvolutional networks for point-cloud vehicle detection and tracking in driving scenarios[C]. 2017 European Conference on Mobile Robots (ECMR),2017:1-7.

[79] SUN Y,XU H,WU J,et al. 3-D data processing to extract vehicle trajectories from roadside LiDAR data[J]. Transportation research record, 2018, 2672(45): 14-22.

[80] ZHAO H,SHA J,ZHAO Y,et al. Detection and tracking of moving objects at intersections using a network of laser scanners[J]. IEEE transactions on intelligent transportation systems,2011,13(2):655-670.

[81] CHEN X, MA H, WAN J, et al. Multi-view 3d object detection network for autonomous driving[C]. Proceedings of the IEEE conference on Computer Vision and Pattern Recognition,2017:1907-1915.

[82] CALTAGIRONE L, SCHEIDEGGER S, SVENSSON L, et al. Fast LIDAR-based road detection using fully convolutional neural networks[C]. 2017 ieee intelligent vehicles symposium (iv),2017:1019-1024.

[83] ROMERA E, ALVAREZ J M, BERGASA L M, et al. Erfnet: Efficient residual factorized convnet for real-time semantic segmentation[J]. IEEE Transactions on Intelligent Transportation Systems,2017,19(1):263-272.

[84] 陆怡悦. 基于雷达与图像信息融合的路面目标识别与应用[D]. 南京:南京理工大学,2017.

[85] 郑佳卉. 基于 YOLOv3 的行人视频目标检测方法[D]. 西安:西安电子科技大学,2019.

[86] LI Y-L, WANG S. HAR-Net: Joint learning of hybrid attention for single-stage object detection[J]. arXiv preprint arXiv:1904. 11141,2019.

[87] ZHU C, HE Y, SAVVIDES M. Feature selective anchoR-free module for singleshot object detection[C]. Proceedings of the IEEE/CVF Conference on Computer Vision and Pattern Recognition,2019:840-849.

[88] 王伟. 基于信息融合的机器人障碍物检测与道路分割[D]. 杭州:浙江大学,2010.

[89] SCHLOSSER J, CHOW C K, KIRA Z. Fusing lidar and images for pedestrian detection using convolutional neural networks[C]. 2016 IEEE International Conference on Robotics and Automation (ICRA),2016:2198-2205.

[90] LIU Y, WANG Y, WANG S, et al. Cbnet: A novel composite backbone network architecture for object detection[C]. Proceedings of the AAAI Conference on Artificial Intelligence,2020:11653-11660.

[91] 程文雄. 基于多尺度并行网络的抗遮挡车辆检测[D]. 西安:西安电子科技大学,2019.

[92] ZHANG F, LI C, YANG F. Vehicle detection in urban traffic surveillance images based on convolutional neural networks with feature concatenation[J]. Sensors, 2019,19(3):594.

[93] ZHANG F, YANG F, LI C, et al. CMNet: A connect-and-merge convolutional neural network for fast vehicle detection in urban traffic surveillance[J]. IEEE Access, 2019, 7: 72660-72671.

[94] 曹莹, 苗启广, 刘家辰, 等. AdaBoost 算法研究进展与展望[J]. 自动化学报, 2013, 39(06): 745-758.

[95] PLATT J. Sequential minimal optimization: A fast algorithm for training support vector machines[J], 1998.

[96] LIM A, BREIMAN L, CUTLER A. bigrf: Big random forests: Classification and regression forests for large data sets[J]. URL http://CRAN. R-project. org/package = bigrf. R package version 0. 1-11, 2014.

[97] DALAL N, TRIGGS B. Histograms of oriented gradients for human detection[C]. 2005 IEEE computer society conference on computer vision and pattern recognition (CVPR'05), 2005: 886-893.

[98] OJALA T, PIETIKAINEN M, MAENPAA T. Multiresolution gray-scale and rotation invariant texture classification with local binary patterns[J]. IEEE Transactions on pattern analysis and machine intelligence, 2002, 24(7): 971-987.

[99] REDMON J, FARHADI A. Yolov3: An incremental improvement[J]. arXiv preprint arXiv: 1804. 02767, 2018.

[100] BELL S, ZITNICK C L, BALA K, et al. Inside-outside net: Detecting objects incontext with skip pooling and recurrent neural networks[C]. Proceedings of the IEEE conference on computer vision and pattern recognition, 2016: 2874-2883.

[101] KONG T, YAO A, CHEN Y, et al. Hypernet: Towards accurate region proposal generation and joint object detection[C]. Proceedings of the IEEE conference on computer vision and pattern recognition, 2016: 845-953.

[102] CAI Z, FAN Q, FERIS R S, et al. A unified multi-scale deep convolutional neural network for fast object detection[C]. European conference on computer vision, 2016: 354-370.

[103] SHEN Z, LIU Z, LI J, et al. Dsod: Learning deeply supervised object detectors from scratch[C]. Proceedings of the IEEE international conference on computer vision, 2017: 1919-1927.

[104] LIU S, HUANG D. Receptive field block net for accurate and fast object detection[C]. Proceedings of the European Conference on Computer Vision (ECCV), 2018: 385-400.

[105] ZENG X, OUYANG W, YANG B, et al. Gated bi-directional cnn for object detection[C]. European conference on computer vision, 2016:354-369.

[106] LIU Y, WANG R, SHAN S, et al. Structure inference net: Object detection using scenelevel context and instance-level relationships[C]. Proceedings of the IEEE conference on computer vision and pattern recognition, 2018:6985-6994.

[107] PANG Y, CAO J, WANG J, et al. JCS-net: Joint classification and super-resolution network for small-scale pedestrian detection in surveillance images[J]. IEEE Transactions on Information Forensics and Security, 2019, 14(12):3322-3331.

[108] HE K, GKIOXARI G, DOLLáR P, et al. Mask r-cnn[C]. Proceedings of the IEEE international conference on computer vision, 2017:2961-2969.

[109] ZHANG X, CHENG L, LI B, et al. Too far to see? Not really! —Pedestrian detection with scale-aware localization policy[J]. IEEE transactions on image processing, 2018, 27(8):3703-3715.

[110] GOODFELLOW I J, POUGET-ABADIE J, MIRZA M, et al. Generative adversarial networks[J]. arXiv preprint arXiv:1406.2661, 2014.

[111] LEDIG C, THEIS L, HUSZáR F, et al. Photo-realistic single image super-resolution using a generative adversarial network[C]. Proceedings of the IEEE conference on computer vision and pattern recognition, 2017:4681-4690.

[112] HE K, ZHANG X, REN S, et al. Delving deep into rectifiers: Surpassing humanlevel performance on imagenet classification[C]. Proceedings of the IEEE international conference on computer vision, 2015:1026-1034.

[113] CABALLERO J, LEDIG C, AITKEN A, et al. real-time video super-resolution with spatio-temporal networks and motion compensation[C]. Proceedings of the IEEE Conference on Computer Vision and Pattern Recognition, 2017: 4778-4787.

[114] SZEGEDY C, VANHOUCKE V, IOFFE S, et al. Rethinking the inception architecture for computer vision[C]. Proceedings of the IEEE conference on computer vision and pattern recognition, 2016:2818-2826.

[115] BAI Y, ZHANG Y, DING M, et al. Sod-mtgan: Small object detection via multi-task generative adversarial network[C]. Proceedings of the European Conference on Computer Vision (ECCV), 2018:206-021.

[116] DOLLAR P, WOJEK C, SCHIELE B, et al. Pedestrian detection: An evaluation of

the state of the art [J]. IEEE transactions on pattern analysis and machine intelligence, 2011, 34(4): 743-761.

[117] ZHANG L, LIN L, LIANG X, et al. Is faster R-CNN doing well for pedestrian detection? [C]. European conference on computer vision, 2016: 443-857.